el mundo en un *bocado*

D1384458

el mundo en un *bocado*

tapas, *mezze* y otros deliciosos aperitivos
de todos los continentes

BLUME

Para Anita, con amor

BLUME

Título original:
The World in Bite Size

Traducción:
Rocío Ahuja Lacasa

Revisión especializada de la edición en lengua española:
Ana María Pérez Martínez
Especialista en temas culinarios

Coordinación de la edición en lengua española:
Cristina Rodríguez Fischer

Primera edición en lengua española 2010

© 2010 Naturart, S. A. Editado por Blume.
Av. Mare de Déu de Lorda, 20
08034 Barcelona
Tel. 93 205 40 00 Fax 93 205 14 41
E-mail: info@blume.net
© 2007 Kyle Cathie Limited, Londres
© 2007 del texto Paul Gayler
© 2007 de la fotografía Peter Cassidy

I.S.B.N.: 978-84-8076-870-2

Impreso en China

www.blume.net

Las fotografías de las recetas se refieren a la primera receta de la página enfrentada

comer pequeños bocados se está convirtiendo en algo importante. Cuando salimos, ya no es necesario sentarse a la mesa a degustar una comida de tres platos. Por el contrario, un número creciente de restaurantes ofrece hoy en día un menú de platos pequeños que el cliente puede combinar a su gusto.

Las raciones pequeñas de comida divierten, estimulan y despiertan el paladar. Conceden, tanto al cocinero como al comensal, la posibilidad de experimentar con una gran variedad de ingredientes diferentes. Además, siempre hay algo que se adapte al gusto de cada persona, ¡son excelentes para los indecisos!

El fenómeno de los bocados pequeños no es nuevo. Tiene sus orígenes en algunas de las mejores gastronomías del mundo; basta con pensar en las tapas españolas, los *antipasti* italianos, los *dim sun* chinos, los *tiffin* indios o los *mezze* de Oriente Próximo. No obstante, sí que hay una novedad: estos pequeños platos se están convirtiendo en la comida principal en lugar de servir para despertar el apetito antes de una comida. Para los comensales, se trata de una forma relajada y sociable de comer. Para los chefs, es una verdadera fuente de inspiración, una oportunidad de jugar con los gustos, los sabores y las texturas sin las limitaciones que conllevan las tradicionales comidas de tres platos.

Esta forma de comer proviene de las tapas españolas, que, según se cree, se originaron en Andalucía hace varios siglos. Por aquel entonces, se solía colocar sobre los vasos un plato con un pedazo de pan o de carne curada, unas cuantas aceitunas o un puñado de frutos secos, para evitar que las moscas cayeran en la bebida (de ahí que su nombre derive del verbo *tapar*). La costumbre fue evolucionando, y comenzaron a introducirse platos más elaborados, como la tortilla de patatas, las patatas bravas o algún embutido o marisco a la parrilla. En España se suele ir de un bar a otro, probando las tapas, que van siempre acompañadas de un vaso de vino o de jerez. En Venecia se lleva a cabo un ritual similar: allí, se suelen consumir entre horas, y acompañadas de un vaso de vino, unos aperitivos denominados *cicchetti*. Se trata de un ritual social, en el que se reúnen los amigos y charlan especialmente de las anécdotas cotidianas. Estos pequeños platos de comida sirven para aliviar el hambre y contrarrestar los efectos del alcohol.

Es tal vez el clima mediterráneo lo que ha dado lugar a este tipo de alimentación. Cuando el sol cae con toda su fuerza, resulta más tentador picar de entre una variedad de platos pequeños que embarcarse en una gran comida. Los países del Mediterráneo oriental tienen su propia versión de la gastronomía en pequeñas raciones: los *mezze*. Este tipo de comida, compuesta por pequeños platos fragantes y especiados, resulta además muy vistosa: salsas suaves y cremosas (*hummus*, *taramasalata*, *baba ghanoush*...); elegantes pasteles, como el *spanokopita*, rellenos de carne, verduras o queso; ensaladas rústicas o humeantes hortalizas a la parrilla; crujientes pescados o mariscos fritos, servidos con alguna salsa para mojar, todo ello sazonado con hierbas frescas y animado por las especias cálidas y aromáticas de la zona. Lo que en el pasado servía para iniciar una comida se ha convertido hoy en su plato principal.

También en el Lejano Oriente existe una larga tradición de esta forma de comida. Los vendedores ambulantes de toda la región venden delicados bocados que caben en una mano y son sencillos de comer. Está además la fantástica tradición del *dim sun*, cuyo origen se encuentra en las casas de té chinas. En ellas, se lleva hasta la mesa un festín de pequeños bocados en un carro donde se apilan las cestas de bambú cargadas de pequeños bollos rellenos de carne de cerdo, empanadillas transparentes rellenas de gambas, rollitos de primavera, croquetas, costillas al vapor y mucho más. El *dim sum* se ha popularizado enormemente en Occidente, tan sólo lo iguala la moda del sushi. El sushi, que antes era una comida de la calle, consumida por las clases más desfavorecidas, se ha convertido en un importantísimo negocio; tiene tanto éxito en Occidente que ha sido descrito como «las tapas japonesas». Los restaurantes de sushi son ahora el último grito: el sushi avanza sobre una cinta transportadora entre las mesas, y los cocineros preparan ante los ojos de los comensales los tentadores bocados que, a continuación, circulan lentamente en un deslumbrante cortejo. Al contrario que los bares de tapas de atmósfera desenfadada, estos restaurantes pueden desprender un aire más funcional o de comedor, pero alimentan el insaciable apetito por los platos pequeños, y por una forma de comer nueva y deconstruida.

cómo servir los bocados   Ofrecer pequeños platos de comidas variadas es una excelente opción cuando se recibe en casa. Además, se adecúa perfectamente al estilo de comer informal de hoy en día. Una selección de pequeños bocados cuidadosamente planeada puede sustituir perfectamente a una propuesta más tradicional, tanto si se sirven con los comensales sentados a la mesa o bien al estilo bufé, junto con unas bebidas. Compartir platos de comida se convierte en una actividad sociable e informal. Además, pasarse los platos permite romper el hielo entre los invitados y animarlos a conversar.

A continuación, algunos consejos que no conviene olvidar cuando se planea una comida de este tipo:

— Los platos deben ser pequeños. Resultan más tentadores de esta forma y, además, es más sencillo servirse, ya sea con una cuchara, un tenedor, o con la mano.

— Trate de conseguir una mezcla de colores, sabores y texturas, para que los platos sean lo más sugerentes posible.

— Emplee diferentes técnicas de cocción, tanto para facilitar la preparación como para ofrecer a los invitados una mezcla variada. Por ejemplo, puede cocinar un par de platos al horno, otros tantos pueden freírse o prepararse a la parrilla y, además, servir algunas ensaladas y panes diferentes.

— Sea fiel a una gastronomía para que la comida sea coherente. ¡No mezcle tapas españolas con *dim sum* chino!

— La presentación moderna puede resultar muy divertida; permite utilizar una gran variedad de platos peculiares, cuencos, vasos, cucharas, broquetas...

– Recuerde que ni siquiera tiene por qué cocinar, puede servir una sencilla selección de tapas: deliciosas aceitunas, almendras saladas, pimientos del piquillo, una selección de embutidos, algunos quesos, algo de pan y unas ensaladas.
– Como en todas las cosas sencillas, unos ingredientes de calidad son fundamentales.

En este libro he tratado de crear una selección de recetas tentadoras y variadas. Espero que inspire al lector para que sienta los maravillosos sabores que nos pueden ofrecer los platos pequeños. A continuación se ofrecen recetas sencillas, que se preparan rápidamente a la parrilla o en un wok. Algunas son ligeras; otras, más consistentes. Las hay más complejas, pero merecen la pena. He tratado de respetar al máximo las tradiciones culinarias, pero también disfruto fusionando sabores y técnicas.

raciones   Las recetas de los aperitivos están diseñadas para 4 personas. Si se desea, es posible duplicar las cantidades para servirlas como plato principal.

américa

México tiene sus botanas, Colombia, sus pasabocas y Argentina, sus picadas: una larga tradición de deliciosos aperitivos que se encuentran en los mercados, los bares y los cafés. Atraen a los transeúntes con sus aromas fuertes y sus colores brillantes y frescos.

pastel de cangrejo de Luisiana

250 g de carne de cangrejo blanca fresca (escurrir el agua sobrante)
½ cucharadita de salsa tabasco verde
2 cebollas tiernas *picadas finas*
1 cucharadita de comino molido
2 cucharadas de cilantro fresco *picado*
75 g de maíz en conserva *escurrido*
150 g de puré de patatas
1 huevo *batido*
100 g de panko (pan rallado al estilo japonés)
sal marina y pimienta negra *recién molida*
aceite de oliva virgen para freír
mayonesa al ajo para servir

Uno de los mayores atractivos de visitar Estados Unidos en repetidas ocasiones ha sido el de conocer el sur más profundo junto con su mezcla de cocinas. Creé este plato basándome en una receta de pastel de cangrejo al estilo de Luisiana. Para degustarla, basta con hundir en ella el tenedor antes de que lo hagan los demás.

1 Mezcle bien en un cuenco la carne de cangrejo, el tabasco, las cebollas tiernas, el comino, el cilantro y el maíz. Sazonar al gusto. Agregue el puré de patatas, el huevo y el pan rallado. Compruebe el punto de sal de nuevo y mezcle bien.

2 Caliente en una sartén pequeña y no muy honda un poco de aceite de oliva. Cuando esté caliente, añada la mezcla de cangrejo y aplástela hasta que recubra toda la base de la sartén. Fríala hasta que se dore, unos 2 o 3 minutos. A continuación, aplaste la mezcla ligeramente y doble la parte exterior hacia el centro. Siga friendo otros 2 o 3 minutos, hasta que la mezcla adquiera un aspecto crujiente.

3 Coloque el pastel de cangrejo en un cuenco y espere a que se enfríe ligeramente. Córtelo en cuñas y sírvalo con la mayonesa al ajo.

Truco de P. G.: El pan rallado al estilo japonés, o *panko*, tiene una textura gruesa y, al freírlo, queda deliciosamente ligero y crujiente. Se puede encontrar en los buenos supermercados o en las tiendas de alimentación oriental, pero también se puede preparar en casa: coloque sobre una placa de horno pan blanco rallado grueso y hornee a 160 ºC, removiéndolo frecuentemente. El pan debe quedar crujiente, pero no tostado; el tiempo total necesario es de entre unos 8 y 10 minutos.

25 ml de suero de leche (o de leche)

1 clara de huevo grande, *batida
ligeramente hasta que haga espuma*

¼ de cucharadita de sal de ajo

⅛ de cucharadita de pimentón

1 chorrito de tabasco

125 g de harina

½ cucharadita de pimienta de Cayena

sal marina y pimienta negra *recién molida*

300 g de colas de cangrejo de río o de
gambas pequeñas, *escurridas*

aceite vegetal para freír

palomitas al estilo cajún

Es posible adquirir las colas de cangrejo de río cocidas y en salmuera en el supermercado, pero para esta receta las pequeñas gambas cocidas de Noruega también son muy adecuadas. Estos crujientes bocados de cangrejo deben mojarse en una salsa picante; puede, por ejemplo, agregarle a una buena mayonesa una combinación de especias cajunes, o bien mezclar algo de kétchup con unas gotas de tabasco.

1 Mezcle en un cuenco la leche, la clara de huevo, la sal de ajo, el pimentón y el tabasco. Coloque la harina en otro recipiente y sazónela con la pimienta de Cayena, la sal y la pimienta.

2 Moje las colas de cangrejo en la mezcla de leche y, a continuación, rebócelas con la harina sazonada.

3 Caliente el aceite a 180 °C. Sumerja los cangrejos en el aceite y friálos hasta que queden dorados y crujientes. Retírelos de la sartén con ayuda de una espumadera y déjelos escurrir sobre papel absorbente.

50 g de harina fina de maíz

50 g de harina

1 cucharadita de azúcar blanquilla

1 cucharadita de levadura en polvo

sal marina y pimienta negra *recién molida*

1 huevo *batido*

120 ml de leche

8 salchichas grandes para perrito (por
ejemplo, de Frankfurt o merguez)

aceite vegetal para freír

mostaza para servir

perritos calientes rebozados

Con la siguiente receta prepararemos una salchicha rebozada en harina de maíz y frita, aunque también puede hornearse. Por lo general, hoy en día se sirven en broquetas de madera, aunque la original, que al parecer fue inventada en Minnesota en 1941, probablemente no.

1 Mezcle en un cuenco la harina de maíz, la harina de trigo, el azúcar y la levadura. Sazone con sal y pimienta. Bata el huevo y la leche hasta que se mezclen bien y deje reposar durante 30 minutos.

2 Inserte longitudinalmente en cada salchicha una broqueta de bambú, previamente remojada en agua. Deje que sobresalga un extremo para poder tomarla con la mano.

3 Caliente el aceite vegetal en una sartén a 150 °C. Sumerja las salchichas en la mezcla de harina y, a continuación, en el aceite bien caliente. Fríalas hasta que queden doradas y crujientes, y sáquelas de la sartén con ayuda de una espumadera. Déjelas escurrir sobre papel absorbente.

4 Sirva con su mostaza preferida.

300 ml de zumo de naranja concentrado
1 cucharada de salsa de chile picante
200 ml de vinagre de vino blanco
3 dientes de ajo *picados*
1 cucharada de orégano seco
½ cucharadita de semillas de comino
1 cucharada de semillas de achiote
   (opcional)
2 cucharadas de aceite vegetal
750 g de panceta de cerdo, *pelada*
   y deshuesada
150 ml de cerveza negra
8 tortillas de maíz

para el encurtido
50 g de azúcar blanquilla
100 ml de vinagre de vino de arroz
2 cebollas rojas, *a rodajas muy finas*

burritos de cerdo enrollados

Cocinar la carne de cerdo en cerveza, pimientos y naranja puede resultar algo insólito, pero, créame, funciona. Después de cocinar la carne, no olvide remojarla bien en los jugos de la cocción. De esta forma, quedará tierna y jugosa.

1 Precaliente el horno a 180 °C/gas 4.

2 Bata con la batidora el zumo de naranja, la salsa de chile, el vinagre, el ajo, el orégano, el comino y las semillas de achiote (opcional).

3 Caliente el aceite en una cacerola refractaria, agregue la carne de cerdo y dórela. A continuación, vierta la cerveza y la mezcla de la batidora. Cubra y brasee en el horno, durante 1 hora y media aproximadamente, o hasta que la carne quede muy tierna.

4 Mientras tanto, prepare el encurtido. Hierva el azúcar y el vinagre en un cazo durante 2 o 3 minutos. A continuación, viértalo sobre las cebollas y deje enfriar.

5 Cuando la carne esté lista, póngala en un recipiente grande y desmenúcela con ayuda de dos tenedores. Mientras tanto, vierta la salsa en un sartén y redúzcala hasta que se espese para poder recubrir con ella la carne.

6 Para servir, basta con colocar la carne sobre las tortillas, enrollarlas y cortarlas por la mitad. Corone con el encurtido de cebolla.

8 **muslitos de pollo**

1 **cebolla pequeña** *picada fina*

1 **chile rojo** *sin semillas y picado fino*

2 **cucharadas de queso**

cheddar maduro *rallado*

75 **g de salchicha merguez (o de chorizo**

fresco) *en dados pequeños*

3 **cucharadas de aceite de oliva virgen**

8 **lonchas de tocino**

sal marina y pimienta negra *recién molida*

2 **cucharadas de miel líquida**

2 **cucharadas de salsa de soja oscura**

cilantro fresco para servir *recién picado*

pollo tex mex

La picante salchicha merguez es originaria del norte de África, pero se utiliza abundantemente en la cocina latina, y a mí me encanta. En esta receta, el sabor ligeramente picante de esta salchicha, cuya base es de carne de cerdo y pimiento, combina a la perfección con el del pollo.

1 En primer lugar, conviene deshuesar los muslitos. Desde la articulación de la rodilla, separe cuidadosamente la carne del pollo del hueso con la punta de un cuchillo pequeño. Siga el hueso y deje la carne intacta hasta llegar a la parte superior del muslo.

2 Comprima la carne y, con ayuda de un cuchillo grande, corte cuidadosamente el hueso aproximadamente a 1 cm del extremo superior. De esta forma se obtiene un muslo deshuesado del que tan sólo sale un pequeño fragmento de hueso en un extremo (si necesita ayuda, ¡acuda a su carnicero de confianza!).

3 Mezcle en un cuenco la cebolla, el chile, el queso, la salchicha merguez y la mitad de la cebolla. A continuación, rellene la cavidad de los muslitos con dicha mezcla. Enrolle alrededor de cada uno 1 loncha de tocino y asegure con 1 palillo. Sazone al gusto.

4 Caliente la parrilla hasta que esté bien caliente. Pincele los muslitos con el resto del aceite y áselos entre 10 y 12 minutos.

5 Lleve a ebullición la miel junto con la salsa de soja en un cazo y extienda dicha mezcla libremente sobre los muslitos de pollo a medida que se vayan cociendo. Espolvoree con el cilantro y sirva.

Truco de P. G.: Estos muslitos de pollo quedan deliciosos servidos con kétchup especiado. Para ello, basta con agregar un poco de crema de raiforte y un chorro de zumo de limón a la tradicional salsa de kétchup.

½ cucharadita de salsa tabasco

1 cucharadita de salsa Worcestershire

1 cucharadita de salsa de soja

2 cucharadas de perejil picado

1 chile rojo pequeño *picado fino*

1 cebolla pequeña *picada*

1 cucharadita de pimienta de Cayena

1 cucharadita de sal de ajo

500 g de alitas de pollo

4 cucharadas de kétchup

para la salsa

100 ml de crema agria

50 g de queso azul *rallado*

alitas de pollo picantes al estilo Buffalo

Las alitas de pollo se preparan de manera diferente en cada rincón del mundo, pero en mi opinión, el estilo Buffalo se lleva la palma. Claro que a mí me encantan las especias.

1 Mezcle todos los ingredientes (excepto las alitas y el kétchup) en un cuenco. A continuación, agregue el pollo y déjelo adobar durante 1 hora.

2 Precaliente el horno a 180 °C.

3 Coloque las alitas en una fuente de horno y áselas entre 30 y 35 minutos, dándoles la vuelta ocasionalmente. Cuando estén listas, retírelas del horno y deje que comiencen a enfriarse.

4 Caliente una parrilla hasta que esté muy caliente. Coloque encima las alitas y cuézalas durante 5 minutos más. Mezcle el kétchup con un poco del adobo y rocíe con dicha salsa las alitas durante la cocción.

5 Mezcle la crema agria con el queso azul y sirva acompañando a las alitas calientes.

300 g de acelgas *sin el tallo*

2 cucharadas de aceite de oliva virgen

1 cebolla pequeña *picada fina*

20 g de chorizo (o de algún otro embutido picante) *en dados pequeños*

400 g de patatas mini nuevas, *cocidas y cortadas por la mitad*

125 g de tomates secados al sol y en conserva con aceite, ajo y orégano *cortados en trozos grandes*

50 g de queso Monterey Jack (o cheddar maduro)

sal marina

patatas picantes a la mexicana

Presentamos una sencilla variante de las patatas bravas españolas.

1 Lave las acelgas y colóquelas, sin secarlas, en un cazo con el agua que quede en las hojas. Cuézalas 5 minutos a fuego muy bajo. A continuación, retire del fuego y deje que se enfríen. Corte las hojas en trozos grandes.

2 Caliente el aceite de oliva en una sartén grande antiadherente a fuego alto. Agregue la cebolla y el chorizo y sofría hasta que la cebolla se dore y el chorizo haya soltado el aceite.

3 Agregue las patatas a la sartén y fríalas hasta que se doren, pero sin que se queme la cebolla. Incorpore los tomates y las acelgas y cueza todos los ingredientes durante 3 o 4 minutos, hasta que se fusionen todos los sabores. Agregue el queso y retire del fuego inmediatamente.

4 Sazone con sal al gusto y sirva.

Truco de P. G.: El queso Monterey Jack, de California, es uno de los pocos quesos distintivos del continente americano, y generalmente se conoce como queso Jack. Se trata de un queso suave de leche de vaca. Su consistencia puede variar entre dura y blanda, en función de su madurez. Se suele emplear en platos latinos, como las quesadillas, o en estas patatas picantes.

8 ostras grandes y muy frescas
1 cucharada de aceite de oliva virgen
2 salchichas merguez (o chorizo)
 cortadas en rodajas de 5 mm
½ cebolla pequeña *picada fina*
1 diente de ajo pequeño *picado fino*
40 g de espinacas cocidas
1 cucharada de salsa HP oscura
sal marina y pimienta negra *recién molida*
1 cucharada de pan blanco *recién rallado*
2 cucharadas de queso Monterey Jack
 (o cheddar maduro) *rallado*
20 g de mantequilla sin sal *derretida*
cuñas de limón para servir

ostras a la barbacoa

Las ostras a la barbacoa son una auténtica delicia. Además, la salsa picante glaseada bajo una generosa costra de queso hará que disfruten incluso aquellos a los que no les gustan las ostras crudas y al natural.

1 Abra las ostras y conserve las conchas. Límpielas cuidadosamente para eliminar cualquier rastro de suciedad. Seque bien.
2 Precaliente el grill al máximo.
3 Caliente el aceite de oliva en una sartén antiadherente. Cuando esté bien caliente, agregue las salchichas merguez, la cebolla y el ajo, y sofría hasta que se doren, durante 5 minutos aproximadamente.
3 Corte las espinacas y agréguelas a la sartén. Cueza 1 minuto más. A continuación vierta la salsa HP, suba el fuego y sazone al gusto.
4 Disponga un poco de la mezcla en la base de las conchas y cubra cada una con una ostra limpia.
5 Mezcle el pan rallado, el queso y la mantequilla derretida y reparta la mezcla sobre las ostras. Coloque cuidadosamente las ostras sobre una placa de horno e introdúzcala bajo el grill caliente. Ase durante 3 o 4 minutos, hasta que las ostras estén ya cocidas y se haya formado encima una costra crujiente y muy caliente. Decore con las cuñas de limón y sirva.

2 cucharadas de azúcar moreno

200 g de harina de maíz

2 huevos

120 g de queso azul (roquefort
   o gorgonzola, por ejemplo)

aceite vegetal para freír

para el pico

3 tomates pera maduros y firmes
   cortados en dados pequeños

1 diente de ajo *picado*

zumo de 2 limas

1 cucharada de jarabe de arce

2 cucharadas de cilantro recién picado

1 escalonia *picada fina*

sal marina y pimienta negra *recién molida*

arepas con pico de queso azul

Las arepas son un tipo de pasteles de maíz que se preparan en América del Sur.
Si no encuentra harina de maíz, también es posible utilizar polenta. El pico
de queso azul es mi propia versión de la clásica salsa mexicana pico de gallo,
cuyos ingredientes de base son el tomate, el chile y el cilantro.

1 Caliente 350 ml de agua en un cazo pequeño junto con el azúcar, y remueva bien
   hasta que éste se disuelva. Agregue poco a poco la harina y bata hasta obtener una
   masa espesa y homogénea. Incorpore los huevos de uno en uno y, a continuación,
   la mitad del queso. Deje enfriar.

2 Para preparar el pico, mezcle todos los ingredientes en un cuenco y sazone
   al gusto.

3 Cuando la masa esté fría, forme con las manos bolas pequeñas y aplástelas
   cuidadosamente. A continuación, fríalas en aceite bien caliente en una sartén
   antiadherente hasta que se doren, durante 4 o 5 minutos por cada lado.

4 Coloque las arepas en una fuente. Espolvore por encima el queso restante
   y corone con 1 cucharada de pico de queso azul.

4 cucharadas de aceite de oliva virgen

1 cucharada de vinagre de Jerez

sal marina y pimienta negra *recién molida*

2 latas de sardinas en aceite de 120 g
   cada una *escurridas*

2 cebollas tiernas *picadas*

2 pimientos rojos pequeños asados
   picados

1 chile rojo *sin semillas y picado fino*

½ cucharadita de pimentón ahumado

4 rebanadas de pan de masa ácida

sándwich de sardinas

De acuerdo, ¡sólo es un bocadillo de sardinas! Pero es sencillo y delicioso, y no le
importará prepararlo una infinidad de veces.

1 Mezcle el aceite y el vinagre con un poco de sal y pimienta.

2 Disponga las sardinas en una única capa en un plato, y recúbralas con la cebolla,
   los pimientos y el chile. Sazone al gusto con la sal, la pimienta y el pimentón
   ahumado y, a continuación, vierta la mezcla de aceite y vinagre. Cubra con película
   de plástico y marine en el frigorífico durante 2 horas.

3 Llegado el momento de servir, tueste las rebanadas de pan y extienda sobre 2 de
   ellas la mezcla de sardinas y verduras. Vierta además un poco de la marinada y
   cúbralas con las 2 rebanadas de pan restantes para formar sándwiches. Presione
   ligeramente para compactar el relleno.

4 Corte cada sándwich en 4 triángulos antes de servir.

para la masa
300 ml de caldo de pollo preparado
150 g de harina

para el relleno
2 cucharadas de aceite vegetal
½ cebolla pequeña *picada fina*
1 diente de ajo *picado*
200 g de carne de pollo *picada*
2 cucharadas de queso crema
2 cucharadas de cebollino *recién picado*
sal marina y pimienta negra *recién molida*
1 clara de huevo grande *batida*
  ligeramente
50 g de pan blanco *recién rallado*
aceite vegetal para freír

coxinha

Estos pastelillos de pollo (*coxinha* significa literalmente «muslito» en portugués) son muy típicos en todo Brasil.

1 Lleve el caldo a ebullición. Agregue la harina y remueva bien con una cucharada de madera, hasta que se liguen bien los ingredientes y se obtenga una masa espesa y homogénea.

2 Retire la masa del cazo, espere a que se enfríe un poco y amásela hasta que quede suave y elástica.

3 Para preparar el relleno, caliente el aceite en una sartén antiadherente, agregue la cebolla y el ajo, y sofría durante 2 minutos hasta que se ablanden. A continuación añada el pollo y 2 cucharadas de agua. Tape y cueza 5 o 6 minutos, hasta que el pollo se cueza. Colóquelo en un cuenco y déjelo enfriar. Agregue el queso crema y el cebollino y sazone al gusto.

4 Extender la masa hasta que tenga un grosor de unos 3 mm. Con ayuda de un cortapastas redondo, corte círculos de 7,5 cm. (No olvide amasar la masa para reutilizarla tantas veces como sea necesario.)

5 Para preparar los pastelillos, coloque sobre la palma de la mano 1 círculo de masa. Úntelo con la mezcla de queso crema y cierre la masa.

6 Pase los pastelillos por la clara de huevo batido y el pan rallado. A continuación, fríalos en aceite caliente a 150 °C durante 4 o 5 minutos, hasta que se doren. Déjelos escurrir sobre papel de cocina y sirva.

Truco de P. G: Los pastelillos se pueden congelar sin problemas, pero conviene sacarlos del congelador 2 o 3 horas antes de freírlos para que se descongelen por completo.

champiñones con chimichurri y *haloumi*

8 champiñones planos de tamaño medio,
   limpios
sal marina y pimienta negra recién molida
150 g de queso *haloumi* cortado en
   8 lonchas

para el chimichurri
2 dientes de ajo *picados*
1 cucharada de hojas de menta frescas
1 cucharada de hojas de orégano frescas
1 manojo de perejil de hoja plana
1 chile rojo pequeño, *sin semillas y picado*
   fino
3 cucharadas de vinagre de vino blanco
125 ml de aceite de oliva virgen

El chimichurri es una salsa argentina que se suele servir con las carnes a la parrilla. Es similar, supongo, al pesto italiano, pero sin queso; además, el vinagre le da un toque más picante. Y queda estupendo con los champiñones.

1 Para preparar el chimichurri, bata con una batidora pequeña los ajos, las hierbas, el chile y el vinagre hasta obtener una pasta gruesa. Agregue 120 ml del aceite de oliva para que la salsa se espese ligeramente.

2 Precaliente una parrilla hasta que esté bien caliente. Unte abundantemente los champiñones con el chimichurri y dispóngalos sobre la parrilla. Cocínelos hasta que queden tiernos y comiencen a soltar jugo. Sazónelos al gusto y manténgalos calientes.

3 Extienda sobre las lonchas de *haloumi* el resto del aceite y áseloss a la parrilla durante 2 minutos por cada lado aproximadamente, hasta que queden ligeramente dorados y crujientes.

4 Coloque los champiñones en una fuente, junto con el queso a la parrilla, y rocíe con la salsa restante.

empanadas de pargo y mango

1 cucharada de aceite de oliva virgen

½ cebolla pequeña *picada fina*

½ chile rojo pequeño *sin semillas y picado fino*

1 pizca de comino molido

250 g de pargo en filetes, *sin espinas ni piel, lavado y cortado en trozos grandes*

2 cucharadas de cilantro fresco *picado*

½ mango maduro *cortado en dados pequeños*

2 huevos *batidos*

100 g de queso gruyer

350 g de masa de hojaldre

Las empanadas son la respuesta de América Latina a los pasteles de carne británicos. Con ellas se puede ser tan creativo como se quiera, e inventar rellenos propios. Esta versión queda muy bien acompañada de una salsa picante.

1 Caliente el aceite de oliva en una sartén antiadherente. Agregue la cebolla, el chile y el comino y cueza a fuego lento durante 2 o 3 minutos. Coloque los ingredientes en un cuenco, y deje que se enfríen.

2 Una vez que se haya enfriado la cebolla, añada el pescado cortado en trozos, el cilantro, el mango y el queso, e incorpore uno de los huevos batidos. Deje reposar en el frigorífico durante 30 minutos.

3 Precaliente el horno a 180 °C.

4 Extienda la masa hasta que tenga un grosor de unos 3 mm. Con ayuda de un cortapastas redondo, corte círculos de 7,5 cm. Coloque 1 cucharada de la mezcla de pescado en el centro de cada círculo y extienda por los bordes un poco de huevo batido.

5 Doble la masa por encima del relleno para obtener una forma de media luna. Presione los bordes firmemente para cerrar bien. Pincele la parte superior de las empanadas con el resto del huevo batido, dispóngalas sobre una placa de horno y hornéelas entre 12 y 15 minutos, hasta que se doren. Sírvalas calientes.

nachos de cangrejo

350 g de carne de cangrejo muy fresca

zumo de 2 limas

sal marina y pimienta negra *recién molida*

1 cucharada de semillas de cilantro *ligeramente machacadas*

2 cucharadas de aceite de oliva virgen

1 cucharada de kétchup

1 chorro de tabasco

1 cebolla roja pequeña *picada fina*

2 tomates maduros y firmes, *pelados, sin semillas y picados*

75 g de maíz en conserva *bien escurrido*

6 hojas de albahaca *picadas*

chips de maíz

25 g de queso cheddar maduro *rallado*

Los nachos, en su forma más sencilla, son chips de tortilla de maíz cubiertos de queso derretido. La versión que aquí presentamos es mucho más ligera.

1 Como precaución, conviene tamizar la carne de cangrejo para comprobar que no quedan cartílagos ni cáscaras escondidos. Coloque la carne en un cuenco y cúbrala con el zumo de lima. Sazone con la sal marina, tape con papel de plástico y deje en el frigorífico durante 1 hora.

2 Precaliente el horno a 200 °C o precaliente el grill.

3 Mezcle las semillas de cilantro, el aceite de oliva, el kétchup, el tabasco, la cebolla roja, los tomates y el maíz. Agregue la carne de cangrejo (bien escurrida) y, finalmente, la albahaca. Sazone al gusto.

4 Reparta la carne de cangrejo sobre los nachos y hornee o ponga bajo el grill durante 2 o 3 minutos, hasta que el queso quede dorado y bien caliente.

picaditas

1 cucharada de aceite de oliva virgen
1 cebolla *picada fina*
1 chile verde *picado fino*
1 cucharadita de comino molido
150 g de frijoles negros cocidos
1 receta de masa de coca (*véase* pág. 44)
100 ml de salsa picante
2 cucharadas de crema acidificada
75 g de queso feta *desmenuzado*
25 g de queso cheddar maduro *rallado*

A los mexicanos les encantan estas pequeñas pizzas que se venden en los puestos ambulantes y que son verdaderamente adictivas. Los frijoles negros son unas de mis legumbres preferidas, especialmente cuando se preparan con cebolla, chile y comino, ingredientes que, para mí, simbolizan todo el sabor de México.

1 Precaliente el horno a 200 ºC.
2 Caliente el aceite de oliva en una sartén y agregue la cebolla, el chile y el comino. Sofría a fuego lento hasta que la cebolla se ablande. Agregue los frijoles y mézclelos con la cebolla, aplastándolos ligeramente. Fría durante 1 o 2 minutos, retire del fuego y deje enfriar.
3 Extienda la masa hasta que tenga un grosor de unos 5 mm. Con ayuda de un cortapastas redondo, corte círculos de 7,5 cm y colóquelos sobre una placa de horno.
4 Extienda la mezcla de frijoles sobre las bases de masa, seguida de algo de salsa. Agregue 1 cucharada de crema y espolvoree un poco con ambos quesos. Con los dedos, forme un reborde con la masa alrededor del relleno.
5 Hornee entre 12 y 14 minutos, hasta que estén a punto, y sírvalas calientes.

pasteles de patata peruanos

400 g de patatas negras (también llamadas patatas trufa) *lavadas*
1 cebolla *picada fina*
5 cucharadas de aceite vegetal
75 g de harina
1 huevo

Sal marina y pimienta negra *recién molida*
150 g de carne *picada de ternera*
3 cebollas tiernas *picadas finas*
½ cucharadita de canela molida
guacamole y unas hojas pequeñas de berro para servir

En Perú, a estos pasteles de patata se les llama *causa*. Para prepararlos se pueden utilizar patatas normales, pero entonces el color no será tan peculiar. Los vegetarianos pueden sustituir la carne por pimientos asados, y quedarán igual de deliciosos.

1 Precaliente el horno a 200 ºC.
2 Disponga las patatas sobre una placa de horno y áselas durante 40 o 45 minutos, hasta que estén bien hechas. Retírelas del horno y déjelas que se enfríen ligeramente.
3 Sofría la cebolla en 2 cucharadas de aceite, hasta que se ablande, y colóquela en un cuenco.
4 Pele las patatas templadas con un cuchillo pequeño. Mézclelas con la cebolla y aplástelas. Agregue la harina y el huevo batido y sazone al gusto.
5 Caliente la sartén con otras 2 cucharadas de aceite y fría la carne entre 6 y 8 minutos, hasta que comience a dorarse. Agregue las patatas, las cebollas y las especias.
6 Con las manos húmedas, forme con la masa pequeños pastelillos. Caliente el aceite restante en una sartén antiadherente y fría pastelillos de patata durante 3 o 4 minutos, hasta que queden dorados y crujientes.
7 Sírvalos coronados con guacamole y algunos berros.

300 g de filetes de bacalao *sin espinas ni piel*

2 cucharadas de sal marina gruesa

zumo de 1 lima

2 escalonias *picadas finas*

1 pimiento verde *cortado por la mitad, sin semillas y en pequeños dados*

2 tomates pera *en pequeños dados*

4 cucharadas de aceite de oliva virgen

2 huevos duros *pelados y picados*

1 cucharada de perejil de hoja plana *picado*

1 aguacate *deshuesado y en pequeños dados*

sal marina y pimienta negra *recién molida*

cuñas de lima para servir

buljol

Para preparar esta receta, es posible utilizar el clásico bacalao salado, tal y como se hace en el Caribe. Sin embargo, yo prefiero salar ligeramente el bacalao fresco. El resultado es sin duda más ligero y hace del plato una ensalada perfecta para un cálido día de verano.

1 Coloque el bacalao en un plato y recúbralo con la sal marina. Tape y deje marinar a temperatura ambiente durante 2 horas.

2 Transcurrido el tiempo, enjuague el bacalao bajo el grifo para retirar el exceso de sal y séquelo cuidadosamente con un paño.

3 Corte el pescado en dados de 2,5 cm. Colóquelos en una sartén y vierta el agua justa para cubrir los dados. Lleve a ebullición a fuego lento durante 3 o 4 minutos. Con ayuda de una espumadera, coloque el bacalao en un cuenco y espere a que se enfríe.

4 Agregue el resto de los ingredientes, mezcle y deje marinar durante 1 hora en el frigorífico para que se impregne bien de los diferentes sabores.

5 Sirva la ensalada acompañada de las cuñas de lima.

10 g de mantequilla sin sal

1 cebolla pequeña *picada fina*

1 chile rojo pequeño *sin semillas y picado fino*

200 g de carne de cangrejo (de preferencia fresca) *limpia*

3 cucharadas de crema de leche espesa

1 pizca de curry en polvo

2 cucharadas de pan blanco *recién rallado*

50 g de queso gouda *rallado*

50 g de piña fresca (también puede ser en conserva) *cortada en dados pequeños*

1 cucharada de cilantro *recién picado*

8 pimientos rojos en miniatura

sal marina y pimienta negra *recién molida*

pimientos rellenos de cangrejo criollo

Hace algunos años, habría sido imposible conseguir pimientos rojos en miniatura. Sin embargo, hoy son fáciles de encontrar. Las variedades pequeñas no suelen tener el sabor de sus primos más maduros, pero constituyen una base exquisita para rellenarlos de cangrejo.

1 Precaliente el horno a 180 ºC.

2 Caliente la mantequilla en un cazo, agregue la cebolla y el chile, y sofría hasta que se queden dorados y translúcidos. Añada la carne de cangrejo, la crema y el curry, y cueza a fuego bajo hasta obtener una salsa.

3 Incorpore el pan rallado, el queso, la piña y el cilantro fresco. Sazone al gusto y reserve.

4 Corte los extremos superiores de los pimientos y vacíelos hasta que no queden semillas. Con ayuda de una cuchara pequeña, rellene los pimientos con la mezcla de carne de cangrejo.

5 Disponga los pimientos rellenos en una placa de horno cubierta con papel de aluminio y hornéelos entre 12 y 15 minutos, o hasta que los pimientos se ablanden y el relleno esté bien caliente y dorado. Espere a que se enfríen ligeramente antes de servir.

250 g de filetes de atún crudos muy
    frescos (como para preparar sushi)
200 g de filetes de salmón crudos
    muy frescos
2 batatas blancas *peladas y en finas*
    láminas
2 cucharadas de aceite de oliva virgen
1 pizca de canela molida
sal marina y pimienta negra *recién molida*
2 cm de jengibre *pelado y rallado fino*
zumo de 4 limas
1 chile verde *sin semillas y picado fino*
1 pizca de azúcar
2 cucharadas de hojas de cilantro *recién*
    picadas

cebiche peruano de salmón y atún

Puede parecer una combinación insólita, pero en Perú las batatas se suelen utilizar para acompañar el cebiche, especialmente cuando se elabora con pescado blanco.

1 Envuelva por separado los filetes de atún y los de salmón en plástico de cocina y colóquelos en el congelador durante un máximo de 30 minutos, para que adquieran mayor consistencia. De esta forma será más fácil cortarlos posteriormente.

2 Precaliente el horno a 200 °C/gas 6.

3 Disponga las láminas de batata en un cuenco y agregue el aceite de oliva, la canela, la sal y la pimienta. A continuación, transfiéralas a una fuente de horno y áselas durante 30 minutos, hasta que estén doradas y bien hechas. Manténgalas calientes.

4 Mezcle en un cuenco el jengibre, el zumo de lima, el chile, el azúcar y el cilantro. Sazone al gusto.

5 Saque del congelador el salmón y el atún, y córtelos en lonchas de unos 3 mm de grosor con un cuchillo bien afilado. Salpimente el pescado, rocíelo con la mezcla y déjelo reposar 5 minutos. Sírvalo acompañado de las láminas de batata asada.

---

12 filetes de sardina pequeños
    o medianos, muy frescos
200 ml de crema de coco sin edulcorar
2 cm de jengibre *pelado y rallado fino*
zumo de 3 limas
1 chile rojo pequeño, *sin semillas*
    y picado fino
1 pizca de azúcar
sal marina y pimienta negra *recién molida*
2 tomates maduros y firmes, *sin semillas*
    y cortados en dados pequeños
2 cucharadas de cilantro *recién picado*
75 g de judías verdes redondas *limpias*

cebiche de sardinas

Esta receta de cebiche se inspira en los sabores del Caribe. Los chiles, las limas y el coco constituyen la marinada perfecta para unas buenas sardinas.

1 Lave los filetes de sardina con agua fría bajo el grifo para limpiarlos bien, y séquelos con un paño de cocina.

2 Mezcle en un cuenco la crema de coco, el jengibre, el zumo de lima, el chile y el azúcar. Sazone al gusto y agregue los tomates en dados y el cilantro.

3 Disponga las sardinas en una fuente poco profunda en una única capa y vierta por encima la salsa de coco. Cubra con película de plástico y deje marinar en el frigorífico toda la noche.

4 Cuando esté listo para servir, hierva las judías verdes en agua salada durante 4 o 5 minutos, o hasta que estén tiernas. Escúrralas, lávelas con agua fría y séquelas bien.

5 Sazone las judías y repártalas en los platos de servir. Cúbralas con las sardinas y vierta la salsa por encima.

6 vieiras grandes muy frescas, *sin concha*
  y limpias
½ aguacate maduro (de preferencia
  de la variedad Hass), *el deshuesado*
½ mango maduro y firme, *pelado y*
  deshuesado
¼ de pimiento rojo
zumo de 2 limas
1 cucharada de aceite de oliva virgen
1 pizca de azúcar blanco muy fino
1 chile rojo pequeño, *sin semillas*
  y picado fino
2 cebollas tiernas *picadas finas*
1 cucharada de cebollino picado
sal marina y pimienta negra *recién molida*

cebiche de vieiras

Las vieiras, junto con los mejillones, son probablemente mis mariscos preferidos, tanto para comer como para cocinar, aunque a veces pueden resultar bastante costosos. Para preparar el cebiche, hay que cerciorarse de que las vieiras son frescas; no conviene utilizar las congeladas, aunque sean más baratas.

1 Corte cada vieira horizontalmente en 5 láminas y dispóngalas sobre los platos de servir formando círculos.

2 Corte el aguacate, el mango y el pimiento en dados pequeños y colóquelos en un cuenco. Agregue el resto de los ingredientes.

3 Sazone las vieiras con sal marina y con un poco de pimienta, cubra con la mezcla y deje marinar tan sólo 5 minutos antes de servir.

Truco de P. G.: Los aguacates Hass tienen una piel oscura y moteada, y un sabor inmejorable. Con ellos se prepara el guacamole. En mi opinión, para que los aguacates tengan un sabor óptimo, deben estar ya bien maduros en el momento de comprarlos.

8 **filetes de caballa de tamaño medio**
   muy frescos, *sin espinas y limpios*
1 **diente de ajo** *pirado*
1 **chile verde pequeño** *picado*
2 **cebollas tiernas** *picadas*
1 **manojo de hojas de cilantro fresco**
1 **pimiento verde pequeño,** *sin semillas*
   y cortado en trozos
zumo de 4 limas
1 **pizca colmada de azúcar**
sal marina y pimienta negra *recién molida*

para servir
1 **aguacate** *partido por la mitad,*
   deshuesado y cortado en finas láminas
2 **cucharadas de cebollino** *picado*

cebiche verde

En mi opinión, la caballa es uno de los pescados más infravalorados y menos utilizados, a pesar de ser uno de los más abundantes. Su delicado sabor hace que sea la base ideal para este cebiche verde.

1 Corte los filetes de caballa muy finos y dispóngalos en una fuente poco profunda.
2 Con una batidora bata el ajo, el chile, las cebollas y las hojas de cilantro hasta obtener una pasta. Si resulta necesario, utilice una espátula para raspar los ingredientes de las paredes de la batidora.
3 Agregue el pimiento verde y bata de nuevo. Añada el zumo de lima y el azúcar, bata de nuevo rápidamente. Sazone al gusto. Vierta la mezcla sobre la caballa y déjela marinando durante 30 minutos.
4 Sírvala acompañada de las láminas de aguacate y del cebollino.

4 **cucharadas de aceite de oliva virgen**
½ **cucharadita de aceite de chile**
2 **cucharadas de zumo de lima**
2 **cebollas tiernas**
¼ **de pepino** *pelado y sin semillas*
1 **pimiento rojo** *sin semillas*
4 **escalonias** *peladas*
1 **cucharada de menta vietnamita**
   cortada en trozos grandes
1 **cucharada de albahaca tailandesa**
   cortada en trozos grandes
12 **ostras de tamaño medio,** *abiertas,*
   limpias y en su concha inferior

cebiche de Ostras al estilo oriental

Es posible que tenga que desplazarse hasta la tienda de alimentación asiática más cercana para adquirir las hierbas de esta receta, pero le prometo que no se sentirá defraudado. El plato no sabrá igual si se elabora con la menta y la albahaca tradicionales.

1 Mezcle el aceite de oliva y el de chile en un cuenco. Agregue el zumo de lima y bata bien.
2 Pique muy finas las cebollas y corte el pimiento rojo y el pepino en dados pequeños. Corte las escalonias en finas láminas.
3 Incorpore las verduras a la mezcla de aceites y deje macerar 30 minutos. A continuación, agregue las hierbas y las ostras y deje marinar 5 minutos.
4 Coloque las ostras sobre las conchas ya limpias y cúbralas con un poco de marinada. Sirva inmediatamente.

españa

Todo aquel que visita España se enamora del ritual social de las tapas, o de los exquisitos platos que se sirven, ya sea un sencillo plato de jamón serrano o una ensalada de pulpo o de sardinas.

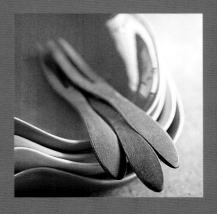

2 pimientos rojos grandes *sin el tallo*
12 aceitunas verdes *deshuesadas*
12 boquerones frescos en aceite
1 cucharada de aceite de oliva virgen
1 cucharadita de orégano picado
½ cucharada de semillas de hinojo
¼ de cucharada de chile en polvo
50 g de queso manchego *rallado fino*

banderillas de aceitunas, boquerones y pimientos

Las banderillas siempre son un complemento excelente para cualquier comida. En la receta siguiente, la sencilla combinación de sabores nos revela el auténtico sabor español.

1 Precaliente el horno a 220 ºC/gas 7.
2 Corte los pimientos en 6 tiras longitudinales y dispóngalos sobre una placa de horno. Áselos durante 15 o 20 minutos, hasta que estén bien cocidos y la piel comience a chamuscarse y agrietarse. Deje que se enfríen ligeramente y, continuación, retire la piel cuidadosamente para que no se rompa la pulpa.
3 Enrolle cada aceituna en 1 filete de anchoa, y éstas en 1 tira de pimiento. Inserte cada rollo en una broqueta.
4 Coloque las broquetas en una placa de horno y rocíelas con el aceite. Espolvoree a continuación el orégano, las semillas de hinojo y el chile en polvo. Para terminar, añada el queso y hornee durante 5 minutos, hasta que el queso esté dorado y muy caliente.
5 Espere a que las broquetas se enfríen ligeramente antes de servir.

12 patatas pequeñas, *sin pelar pero bien lavadas*
20 g de mantequilla
1 escalonia *picada fina*
1 diente de ajo *machacado*
150 g de caracoles en conserva, *escurridos y cortados en trozos grandes*
50 g de jamón serrano *picado*
2 cucharadas de perejil picado
sal marina y pimienta negra *recién molida*

patatas rellenas de caracoles y jamón

La mezcla de caracoles al ajo con jamón y patatas puede resultar poco innovadora, pero es una combinación verdaderamente celestial.

1 Precaliente el horno a 200 ºC.
2 Disponga las patatas en una fuente de horno pequeña y áselas entre 30 y 40 minutos, hasta que estén bien cocidas. Sáquelas del horno (sin apagarlo) y déjelas enfriar.
3 Corte la parte superior de las patatas (aproximadamente 1 cm). Con ayuda de una cuchara para preparar bolas de melón, retire la pulpa de las patatas cuidadosamente para no romperlas.
4 Caliente la mantequilla en una sartén hasta que espume. A continuación, agregue las escalonias, el ajo y los caracoles y sofría durante 1 o 2 minutos. Incorpore el jamón y el perejil y sazone al gusto.
5 Rellene las patatas con la mezcla y devuélvalas al horno durante 5 minutos.

para la masa

175 g de harina de fuerza blanca
75 g de harina de maíz fina
sal marina
½ cucharada de azúcar blanquilla
1 paquete de 7 g de levadura rápida

2 cucharaditas de aceite de oliva virgen
1 cebolla roja *pelada y en dados*
100 g de calabaza *pelada y en finas*
   láminas
1 cucharada de vinagre de vino tinto
2 cucharadas de tomate concentrado
2 pimientos rojos asados *escurridos*
   (reserve el aceite) y cortados
   en dados de 5 mm

coca

La coca es el nombre de una especie de pizza catalana. Se suele preparar en horno de leña y cubrir de una gran variedad de deliciosos ingredientes. El pimentón le da un magnífico sabor y un verdadero toque español.

1 Vierta la harina en un cuenco y agregue 50 g de la harina de maíz, junto con la sal, el azúcar y la levadura. Realice un agujero en el centro y vierta 150 ml de agua caliente. Mezcle bien los ingredientes hasta obtener una masa elástica y sin grumos.

2 Disponga la masa sobre la superficie de trabajo enharinada y amásela despacio durante 5 o 6 minutos. Vuelva a colocar la masa en el cuenco, cúbrala con película de plástico y déjela reposar en un lugar templado durante 1 hora, hasta que suba.

3 Precalentar el horno a 200 °C.

4 Espolvoree una bandeja de horno grande con el resto de la harina de maíz. Extienda la masa hasta formar un rectángulo de aproximadamente 30 x 20 cm y colóquela sobre la placa.

5 Caliente el aceite de oliva en un cazo y sofría la cebolla 5 minutos, hasta que se ablande. Agregue las láminas de calabaza y cueza a fuego lento otros 5 minutos más, hasta que queden ligeramente caramelizadas. Vierta a continuación el vinagre de vino tinto y cueza a fuego lento durante 2 minutos.

6 Extienda el tomate concentrado sobre la masa y cúbralo con la mezcla de calabaza y cebolla, y con los pimientos asados. Espolvoree el pimentón por encima.

7 Rocíe la coca con el aceite reservado de los pimientos y hornéela durante 12 o 15 minutos, hasta que se dore. Reparta por encima el queso manchego y hornéela 5 minutos más.

300 g de chorizo
125 g de harina
1 cucharada de levadura seca rápida
1 huevo *batido*
sal marina
aceite vegetal para freír
125 ml de alioli (*véase* pág. 59)
   para servir

buñuelos

Los buñuelos son de origen español, aunque también se sirven en México y en otros lugares de América Latina. Se preparan con una masa a base de harina y suelen ser dulces, pero también existen en versión salada. Se pueden elaborar con queso o, como en este caso, con chorizo picante.

1 Corte el chorizo en rodajas de 2 cm.

2 Mezcle la harina, la levadura, el huevo y 100 ml de agua. Sazone con un poco de sal.

3 Caliente el aceite a 160 °C.

4 Bañe las rodajas de chorizo en la masa y, a continuación, sumérjalas en el aceite caliente. Fría hasta que queden doradas y crujientes. A continuación, escurra los buñuelos sobre papel absorbente. Sirva con el alioli.

4 rebanadas gruesas de pan de pueblo
2 cucharadas de aceite de oliva virgen
120 g de piña fresca pelada
1 cucharadita de azúcar moreno
120 g de queso de Valdeón *en finas lonchas*
8 lonchas de jamón de Jabugo

jamón de Jabugo con piña y queso de Valdeón

El jamón de Jabugo tiene un sabor exquisito y es sin duda el mejor jamón español. No obstante, resulta costoso, por lo que en su lugar se puede emplear jamón serrano para preparar esta receta. El queso de Valdeón (Picos de Europa) es un queso azul español, cuyo sabor y aspecto se asemejan al del roquefort.

1 Caliente al máximo una parrilla. Unte las rebanadas de pan con el aceite de oliva y tuéstelas bien en la parrilla por ambos lados.

2 Corte la piña en semicírculos y espolvoréela con azúcar moreno. A continuación, coloque las rodajas sobre la parrilla hasta que queden ligeramente caramelizadas. Retírelas de la parrilla y córtelas en trozos pequeños.

3 Corone las tostadas de pan con el queso y cúbralas con el jamón. Para terminar, decore con la piña caramelizada.

1 cucharadita de aceite de oliva virgen
1 cebolla pequeña *picada fina*
1 diente de ajo *picado*
150 g de patatas nuevas cocidas *y peladas*
1 lata de 185 g de atún en aceite *(escurrido)*
75 g de queso de cabra suave
6 aceitunas verdes, *deshuesadas y cortadas finas*
2 cucharaditas de alcaparras extrafinas, *aclaradas y escurridas*
1 poco de pimentón
sal marina y pimienta negra *recién molida*
350 g de masa de hojaldre
1 poco de huevo *batido*

empanadillas de atún y queso de cabra

Las empanadillas son la versión de bolsillo de las empanadas y son perfectas para servir en las fiestas. Tal vez resulte lógico asociarlas con Sudamérica, pero de hecho son originarias de España, donde siguen siendo muy populares.

1 Precaliente el horno a 200 °C/gas 6.

2 Caliente el aceite de oliva en una sartén a fuego bajo. Agregue el ajo y la cebolla, y sofríalos durante 4 o 5 minutos, hasta que se ablanden. Dispóngalos a continuación en un cuenco grande y deje enfriar.

3 Incorpore las patatas a la mezcla anterior y aplástelas con un tenedor. Agregue el atún, el queso de cabra, las aceitunas y las alcaparras y mezcle bien todos los ingredientes. Añada el pimentón y sazone al gusto.

4 Extienda la pasta sobre la superficie de trabajo enharinada hasta un espesor de 3 mm y, a continuación, corte entre 20 y 25 círculos con ayuda de un cortapastas redondo de 7,5 cm.

5 Coloque 1 cucharada colmada de la mezcla en el centro de cada círculo de pasta, y pincele los bordes con el huevo batido. A continuación, doble los bordes sobre el relleno para formar un pequeño pastelillo. Presione firmemente los bordes de la masa para que las empanadillas no se abran.

6 Pincele las empanadillas con algo de huevo batido y hornéelas entre 12 y 15 minutos, hasta que queden doradas y hojaldradas.

Truco de P. G.: Si no desea hornear las empanadillas después de prepararlas, pueden conservarse en el frigorífico durante 1 o 2 días, o hasta 1 mes en el congelador.

300 g de anillas de calamar *limpias*
 y cortadas en trozos grandes
1 cebolla pequeña *picada fina*
2 cucharadas de perejil *picado*
2 cucharadas de jerez seco
sal marina y pimienta negra *recién molida*
200 g de carne magra de cerdo *picada*
100 g de pan blanco rallado
1 huevo *batido*
2 cucharadas de aceite de oliva virgen

para la salsa
3 cucharadas de aceite de oliva virgen
1 diente de ajo *picado*
un buen pellizco de hebras de azafrán
2 cucharadas de harina
180 ml de caldo de pescado preparado

albóndigas de cerdo y calamar
con azafrán

La receta de estas deliciosas albóndigas, de origen andaluz, me la dio un chef
español amigo mío. La combinación de carne de cerdo y calamares siempre me ha
parecido un tanto peregrina, pero ambos tienen la misma textura glutinosa, y por ello
se complementan bien. En España, la carne de cerdo se suele combinar con
el marisco (gambas, calamares, almejas, mejillones...).

1 Coloque los calamares cortados en el robot de cocina y tritúrelos hasta obtener una
 pasta gruesa. Dispóngala en un cuenco y agregue la cebolla, el perejil, el jerez, la sal
 y la pimienta. Déjela en el frigorífico durante 30 minutos.

2 Para preparar la salsa, caliente el aceite junto con el ajo y el azafrán durante
 1 minuto aproximadamente. Agregue la harina y cueza removiendo 20 segundos
 antes de añadir el caldo de pescado. Mezcle bien hasta obtener una salsa, cuézala
 durante 15 minutos a fuego lento y fíltrela.

3 Mezcle los calamares con la carne picada, el pan rallado y el huevo y forme con
 la mezcla albóndigas de 2,5 cm.

4 Caliente el aceite de oliva en una sartén. Cuando esté bien caliente, fría las
 albóndigas hasta que se doren, durante 5 o 6 minutos.

5 Sirva las albóndigas recubiertas de salsa de azafrán. Para una presentación perfecta,
 se pueden servir en pequeñas cucharillas.

2 cucharadas de aceite de oliva virgen

1 diente de ajo *picado*

1 pizca de pimentón

sal marina y pimienta negra *recién molida*

16 langostinos grandes frescos, *pelados y desvenados (con la cola pero sin la cabeza)*

para el mojo verde

1 diente de ajo *picado*

1 manojo pequeño de hojas de cilantro

1 manojo pequeño de perejil

1 pimiento verde pequeño, *sin semillas y cortado en trozos pequeños*

100 ml de aceite de oliva virgen

2 cucharadas de vinagre de vino tinto

langostinos a la plancha con mojo verde

Cocinar a la plancha es una forma rápida y sencilla de resaltar los sabores. El mojo verde es una salsa originaria de las islas Canarias, donde se suele servir con pescado.

1 Mezcle el aceite de oliva, el ajo, el pimentón, la sal y la pimienta en un plato. Agregue los langostinos, mezcle bien y deje marinar durante 30 minutos.

2 Para preparar el mojo verde, bata en la batidora el ajo, el cilantro y el perejil. Agregue el pepino, el aceite de oliva y el vinagre y vuelva a batir hasta obtener una salsa homogénea. Sazone al gusto.

3 Caliente una plancha y, cuando esté muy caliente, ase los langostinos durante 2 o 3 minutos, dándoles la vuelta ocasionalmente. Sírvalos directamente desde la plancha y acompañados del mojo.

2 **cucharadas de aceite de oliva virgen**
½ **cebolla** *picada fina*
1 **diente de ajo** *picado*
1 **pimiento verde pequeño**, *sin semillas*
y cortado en dados de 1 cm
1 **pimiento rojo pequeño**, *sin semillas*
y cortado en dados de 1 cm
2 **tomates maduros y firmes**, *cortados*
en dados de 1 cm
4 **huevos** *batidos ligeramente*
sal marina y pimienta negra *recién molida*
2 **rebanadas de pan de pueblo** *cortadas*
en dados de 1 cm
75 **g de jamón serrano** *picado*
1 **cucharada de perejil** *picado*

piperrada

Los platos a base de huevo constituyen una comida poco costosa y nutritiva, y son muy populares en toda España. Esta receta de tortilla con pimientos procede del País Vasco, y es estupenda para el desayuno o el *brunch*.

1 Caliente la mitad del aceite de oliva en una sartén. Agregue la cebolla, el ajo y los pimientos y sofríalos durante 5 o 6 minutos, o hasta que los pimientos estén tiernos y se intensifique su color. Agregue los tomates y siga cocinando otros 2 minutos.

2 Suba el fuego e incorpore los huevos batidos. Espere a que se cuajen un poco y mézclelos bien con las hortalizas. Sazone al gusto.

3 Caliente el resto del aceite en otra sartén y agregue los dados de pan, el jamón y el perejil. Fría hasta que el pan comience a dorarse.

4 Reparta los huevos en los platos y corone con la mezcla de pan y jamón.

2 **huevos** *duros pelados*
2 **tomates maduros** *picados*
1 **cebolla pequeña** *picada*
1 **pimiento verde pequeño**, *sin semillas*
y cortado en dados de 1 cm
1 **pimiento rojo pequeño**, *sin semillas*
y cortado en dados de 1 cm
1 **diente de ajo** *picado*
1 **cucharada de vinagre de vino blanco**
4 **cucharadas de aceite de oliva**
2 **cucharadas de perejil** *picado*
1 **cucharada de albahaca picada**
250 **g de marisco cocido variado**
sal marina y pimienta negra *recién molida*

ensalada de marisco

Esta ensalada es refrescante y muy apetitosa. Combina algunos de los ingredientes más comunes de la gastronomía española y su resultado es espectacular.

1 Corte los huevos por la mitad, retire la yema cocida, aplástela con un tenedor y resérvela. Corte las claras en trozos.

2 Disponga los tomates, la cebolla, los pimientos y las claras de huevo en un cuenco.

3 Mezcle el ajo, las yemas, el vinagre y el aceite para formar una salsa. Agregue las hierbas y viértala sobre la mezcla de tomates.

4 Para terminar, incorpore el marisco y sazone al gusto.

1 filete de cerdo pequeño (o de panceta
   en lonchas) *cortado en dados de 2 cm*
1 diente de ajo *picado*
1 cucharadita de orégano fresco
1 cucharada de aceite de oliva
2 cucharadas de aceite vegetal
350 g de cebollas mini
sal marina y pimienta negra *recién molida*
4 lonchas de bacon *cortado en trozos
   grandes*
120 ml de Pedro Ximénez

cerdo glaseado al Pedro Ximénez

Me encanta cocinar con Pedro Ximénez. Tiene un sabor extremadamente dulce e
intenso, que combina a la perfección con la carne de cerdo. Para preparar esta receta,
se puede emplear también pollo.

1 Deje adobar la carne de cerdo con el ajo, el orégano y el aceite de oliva en un cuenco
   durante 1 hora.
2 Caliente el aceite vegetal en una sartén antiadherente grande. Agregue las cebollas
   y sofríalas durante 4 o 5 minutos, hasta que se doren, y resérvelas.
3 Vuelva a colocar la sartén sobre el fuego, salpimente la carne de cerdo y fríala
   en la sartén unos 4 o 5 minutos. Agregue el bacon y cueza otros 2 minutos más.
4 Incorpore las cebollas, vierta el jerez por encima y deje sobre la sartén
   el fuego, tapada, unos 4 o 5 minutos, hasta que la carne y las cebollas estén
   bien hechas y la salsa se haya reducido y un glaseado. Sirva en una fuente
   y vierta por encima los fondos de la cocción.

500 g de calamares pequeños *limpios*
2 cucharadas grandes de aceite de oliva
   virgen
125 g de chorizo *en rodajas finas*
100 g de judías blancas cocidas
   (pueden ser en conserva)

para la salsa verde
2 dientes de ajo *picados*
50 g de perejil
1 filete de anchoa
1 cucharada de alcaparras extrafinas
1 cucharada de vinagre de vino blanco
4 cucharadas de aceite de oliva virgen
   extra
1 huevo duro *cortado en trozos grandes*
sal marina y pimienta negra *recién molida*

calamares con chorizo y salsa verde

Las alcaparras y las anchoas son la base de la salsa verde, que contiene muchos
más ingredientes que el mojo verde (*véase* pág. 51). Es una salsa muy sabrosa que
combina bien con los calamares. El chorizo le da un toque picante.

1 Para preparar los calamares, corte las aletas y retire la bolsa de la tinta y los
   tentáculos. Retire también la pluma y vacíelos. Corte la cabeza y deséchela. Lávelos
   con agua fría y séquelos con un paño de cocina. A continuación, córtelos en trozos
   pequeños y resérvelos.
2 Para preparar la salsa verde, coloque el ajo, las hierbas y el filete de anchoa en una
   batidora pequeña y triture hasta obtener una pasta gruesa. Agregue las alcaparras
   y bata de nuevo rápidamente. Coloque la pasta en un cuenco y vierta el vinagre y
   el aceite para obtener una salsa semilíquida. Agregue el huevo y sazone al gusto.
3 Caliente el aceite de oliva en una sartén antiadherente grande a fuego vivo. Añada
   el chorizo y fríalo hasta que quede ligeramente crujiente. Incorpore los calamares
   y cueza otros 2 minutos a fuego alto.
4 Agregue rápidamente las judías blancas y la salsa verde y mezcle bien. A continuación,
   póngalo en una fuente y sirva de inmediato.

Truco de P. G.: El chorizo puede estar ya frito y listo para comer, o sin freír, tal
y como se emplea en todas las recetas de esta obra. Se puede cortar en finas rodajas
e incorporar a una gran variedad de platos salados.

600 g de mejillones grandes *limpios*
y sin las barbas
1 botellín de cerveza española
(o de cualquier otra cerveza rubia)
6 lonchas de beicon
2 huevos *batidos*
100 g de pan blanco rallado
1 cucharada de aceite de oliva virgen
50 g de mantequilla
2 cucharadas de perejil *picado*
sal marina y pimienta negra *recién molida*

mejillones con beicon y cerveza

Para la preparación de esta receta, conviene emplear los mejillones más grandes que encuentre, ya que envolver con beicon un mejillón pequeño puede resultar una tarea muy complicada.

1 Coloque los mejillones en una cazuela caliente con el fuego vivo. Cúbralos con la cerveza, tape rápidamente la cazuela y cuézalos durante 2 o 3 minutos, hasta que se abran. Retírelos del fuego, filtre el líquido de la cocción y resérvelo. Espere a que los mejillones se enfríen.

2 Saque los mejillones ya fríos de las valvas. Corte las tire de beicon por la mitad y enrolle en ellas los mejillones.

3 Pase los rollitos por el huevo batido y el pan rallado. A continuación, insértelos en broquetas de bambú que se habrán puesto en remojo previamente.

4 Caliente el aceite de oliva y la mitad de la mantequilla en una sartén y fría las broquetas durante 2 o 3 minutos por lado, hasta que se doren. Colóquelas a continuación en una fuente.

5 Vierta el fondo de cocción y el resto de la mantequilla en la sartén y deje que hiervan durante 1 minuto. Espolvoree con el perejil picado y riegue con la salsa las broquetas antes de servir.

Truco de P. G.: Los mejillones que estén abiertos en el momento de la compra deben descartarse, al igual que los muertos. Asimismo, hay que retirar los que permanezcan cerrados después de haberlos cocido.

100 g de melón Ogen (de pulpa verde) *pelado, sin semillas y cortado en dados de 1 cm*
100 g de melón cantalupo o charentais (de pulpa anaranjada)
50 g de sandía
1 cucharada de aceite de oliva virgen
300 g de chorizo de calidad, *cortado en rodajas gruesas*
120 ml de jerez seco
sal marina y pimienta negra *recién molida*
2 cucharadas de menta *recién picada*

chorizo con menta y melón dulce

Me encanta la combinación de dulce y picante de esta receta, ¡todo un descubrimiento!

1 Caliente el aceite de oliva en una sartén grande y fría el chorizo hasta que quede tostado y crujiente por fuera, pero jugoso en el centro. (El chorizo contiene mucha grasa, así que no conviene freírlo con demasiado aceite de oliva.)

2 Agregue los dados de melón, mezcle rápidamente y vierta por encima el jerez. Deje que borbotee durante 30 segundos. Agregue 2 cucharadas de agua y cueza durante 1 minuto más. Sazone con un toque de sal y pimienta negra.

3 Coloque en una fuente y espolvoree la menta por encima.

3 cucharadas de aceite de oliva virgen
zumo de ½ limón
1 cucharada de vinagre de vino blanco
2 dientes de ajo pequeños *picados finos*
sal marina y pimienta negra *recién molida*
300 g de boquerones frescos *limpios*
4 huevos
1 cucharada de perejil picado

para el alioli
150 ml de mayonesa de calidad
2 dientes de ajo *picados*

boquerones con huevos pasados por agua y alioli

Los boquerones son las anchoas frescas de aguas españolas. Quedan deliciosos marinados y, en especial, recubiertos de la yema untuosa de los huevos pasados por agua.

1 Para preparar la marinada, mezcle el aceite, el zumo de limón, el vinagre, el ajo, la sal y la pimienta.

2 Corte los boquerones en filetes con un cuchillo pequeño y dispóngalos en un plato. Vierta por encima la marinada, tape y deje reposar durante 4 horas.

3 Prepare el alioli mezclando en un cuenco la mayonesa y el ajo.

4 Cuando esté listo para servir, cueza los huevos en un cazo grande con agua apenas agitándose durante 3 o 4 minutos. Retírelos con ayuda de una espumadera y páselos por agua fría durante 30 segundos, hasta que se enfríen lo suficiente para poder pelarlos.

5 Disponga los huevos en una fuente con los boquerones marinados. Espolvoree con perejil y sírvalos acompañados del alioli.

Truco de P. G.: La mejor forma de cortar los boquerones en filetes es muy sencilla: basta con tirar de la cabeza firmemente, pasando por el cuerpo y hacia la cola. De este modo se puede sacar la espina y el pescado queda abierto como una mariposa.

300 g de calamares frescos, *limpios y sin los tentáculos*

2 cucharadas de aceite de oliva virgen

1 cebolla *picada fina*

2 dientes de ajo *picados*

1 cucharadita de pimentón

150 g de arroz para paella

800 ml de caldo de pescado

3 bolsas de tinta de calamar

1 limón *en cuñas para servir*

para el alioli con azafrán

1 pizca de hebras de azafrán *(puestas en remojo en agua hirviendo)*

1 diente de ajo *picado*

100 ml de mayonesa de calidad

arroz negro

No se sienta desconcertado por el empleo de la tinta de calamar en la preparación de esta receta. Le agrega un toque salado, y se conjuga con el arroz a la perfección. Que tampoco le sorprenda el caldo de pescado; hoy en día es posible encontrar unos excelentes caldos de pescado ya preparados en los buenos supermercados. El alioli es una mayonesa con ajo típica de Cataluña.

1 Corte los calamares en anillas. Caliente la mitad del aceite de oliva en una sartén de base gruesa. Agregue los calamares y fríalos durante 1 minuto, hasta que comiencen a dorarse. Si sobrepasa el tiempo de cocción, adquirirán una textura gomosa. Reserve.

2 Agregue la cebolla y el ajo a la sartén, junto con el resto del aceite y el pimentón, y sofría a fuego lento durante 1 o 2 minutos. Añada el arroz y remueva hasta que se haya recubierto del aceite, la cebolla y las especias.

3 Caliente el caldo de pescado en un cazo. Agregue la tinta de calamar y vierta la mezcla sobre el arroz. Baje el fuego y deje cocer a fuego lento entre 15 y 18 minutos, hasta que el arroz haya absorbido casi todo el líquido y quede *al dente*. Incorpore los calamares al arroz y mezcle bien.

4 Para preparar el alioli, basta con agregar a la mayonesa el ajo y el azafrán, remover bien y servir con el arroz, todo ello acompañado de las cuñas de limón.

2 cogollos de Tudela *(separar las hojas, lavarlas y cortarlas en trozos pequeños)*

2 tallos de apio *picados fino*

4 cebollas tiernas *troceadas*

100 g de jamón cocido de calidad *cortado en tiras*

2 pimientos rojos asados en aceite, *escurridos y cortados*

2 rebanadas de pan de pueblo *tostado y cortado en dados pequeños*

50 g de queso manchego *rallado fino*

para la salsa

5 boquerones frescos marinados

100 ml de mayonesa

1 diente de ajo *picado*

1 cucharada de vinagre de vino tinto

1 chorro de salsa Worcestershire

sal marina y pimienta negra *recién molida*

ensalada César a la española

A continuación, una sencilla variación de la clásica ensalada César, popular en el mundo entero.

1 Mezcle en un cuenco los ingredientes para preparar la salsa y sazónela al gusto.

2 Mezcle en otro cuenco la lechuga, el apio, las cebollas, el jamón, los pimientos y el pan tostado. Vierta la salsa por encima y mezcle bien.

3 Sirva la ensalada en los platos y espolvoree por encima el queso manchego.

100 ml de aceite de oliva virgen

2 escalonias *picadas finas*

un buen pellizco de hebras de azafrán
  (o ½ cucharadita en polvo)

300 g de champiñones, *cortados por*
  la mitad, o en 4 si son demasiado
  grandes

2 cucharadas de vinagre de vino blanco
  (o de vino de arroz)

1 cucharada de azúcar blanquilla

1 cucharadita de semillas de cilantro
  machacadas

½ cucharadita de pasas, *ligeramente*
  machacadas

1 hoja pequeña de laurel

1 frasco de alcachofas en aceite
  escurridas (reservar el aceite)

1 cucharada de hojas de perejil

alcachofas y champiñones en escabeche

El escabeche se emplea en España para conservar alimentos (por lo general pescados o verduras). Esta receta es ideal para vegetarianos.

1 Caliente el aceite en una sarten a fuego bajo, agregue las escalonias y el azafrán y rehogue durante 4 o 5 minutos, hasta que las escalonias comiencen a caramelizarse y adquieran un tono dorado.

2 Agregue los champiñones y sofría unos 5 o 6 minutos más, hasta que los champiñones adquieran un tono marrón y estén en su punto.

3 Añada el vinagre, el azúcar, las semillas de cilantro, las pasas, la hoja de laurel y 100 ml de agua. Cubra con una tapadera y deje cocer a fuego lento durante 8 minutos.

4 Retire la tapa y añada las alcachofas, junto con algo del aceite del frasco. Vuelva a cubrir y cueza otros 5 minutos.

5 Retire del fuego, disponga en un plato y deje enfriar a temperatura ambiente. Antes de servir, espolvoree con las hojas de perejil.

1 pimiento verde, *sin semillas y cortado*
  en tiras gruesas

1 pimiento rojo, *sin semillas y cortado*
  en tiras gruesas

1 berenjena pequeña, *cortada en dados*
  de 1 cm

2 dientes de ajo *picados*

1 cucharadita de orégano *picado*

100 ml de aceite de oliva

2 cucharadas de vinagre de Jerez

1 pizca de azúcar

4 rebanadas de pan de payés

1 tomate grande muy maduro y jugoso

sal marina

virutas de queso manchego para servir

bruschetta a la española

Una versión española de la clásica *bruschetta* italiana. Puede parecer contradictorio, pero resulta deliciosa. Las hortalizas son ideales para esta receta, que también se podría elaborar con pescado, como sardinas y anchoas.

1 Precaliente el horno a 200 ºC.

2 Coloque los pimientos, los dados de berenjena y la mitad del ajo picado en una fuente de horno. Espolvoree por encima el orégano y rocíe con la mitad del aceite. A continuación, introduzca la fuente en el horno entre 25 y 30 minutos, hasta que las hortalizas se tuesten.

3 Póngalas en un cuenco y agregue el vinagre y el azúcar. Deje macerar durante 2 horas.

4 Para servir, caliente el resto del aceite de oliva en una sartén grande antiadherente y fría las rebanadas de pan hasta que queden doradas y crujientes. Sáquelas de la sartén y úntelas con el ajo restante.

5 A continuación, exprima y frote el tomate sobre el pan y espolvoree con la sal marina.

6 Coloque las hortalizas cuidadosamente sobre las tostadas de pan con tomate, rocíe con los fondos restantes de la cocción y corone con virutas de queso.

1 cucharada de aceite de oliva virgen
1 escalonia *picada fina*
16-20 navajas frescas
sal marina y pimienta negra *recién molida*

para la salsa romesco
2 ñoras secas, *sin semillas y puestas en remojo en agua durante 1 hora*
100 ml de aceite de oliva virgen
1 guindilla roja *picada*
3 dientes de ajo *picados*
1 rebanada de pan blanco, *cortada en dados de 2,5 cm*
3 cucharadas de almendras blanqueadas *tostadas*
1 cucharada de concentrado de tomate
2 cucharadas de vinagre de vino blanco
sal marina

navajas con salsa romesco

No siempre resulta fácil encontrar navajas, pero es posible encargarlas en la pescadería. Merece la pena, ¡están deliciosas! Se pueden comer a la parrilla y aderezadas con un poco de limón y aceite de oliva o, como en la siguiente receta, acompañadas de una de las mejores salsas españolas, la salsa romesco.

1   Para preparar la salsa, escurra las ñoras y séquelas. A continuación, píquelas. Caliente la mitad del aceite de oliva en una sartén y fría las ñoras y la guindilla, con cuidado para que no se quemen. Reserve. Fría en el mismo aceite el ajo y el pan hasta que se doren y reserve también.

2   Coloque en una batidora las almendras, el tomate concentrado y las mezclas de ñora. Bata hasta obtener una pasta homogénea. Agregue el resto del aceite y el vinagre, y sazone con sal.

3   Cuando esté listo para servir, caliente el aceite de oliva en una sartén junto con la escalonias. Sofríala 1 o 2 minutos y agregue las navajas. Vierta por encima 100 ml de agua, tape y cueza unos 2 minutos, hasta que las navajas se abran.

4   Disponga las navajas en una fuente. Agregue la salsa al fondo de cocción de la sartén y sazone al gusto. Vierta la salsa sobre las navajas para servir.

Truco de P. G.: Las ñoras suaves son la clave de la salsa romesco. Se pueden encontrar en tiendas de alimentación especializadas, pero también es posible sustituirlas por ¼ de cucharadita de chile en polvo.

50 g de harina
¼ de cucharadita de levadura en polvo
3 cebollas tiernas *picadas finas*
2 cucharadas de perejil *picado*
camarones
sal marina y pimienta negra *recién molida*
1 pizca de pimentón
aceite vegetal para freír

camarones crujientes rebozados

Ésta es una receta algo inusual: diminutos camarones rebozados en una masa ligera de cebolla y perejil y fritos. La probé por primera vez en un bar de tapas de Alicante. Antes de servir, es imprescindible sazonar con un toque generoso de sal marina.

1 Coloque la harina y la levadura en un cuenco. Agregue 90 ml de agua y mezcle bien hasta obtener una mezcla homogénea.
2 Agregue las cebollas, el perejil y los camarones y sazone con la sal, la pimienta y el pimentón.
3 Vierta aceite vegetal en una sartén hasta que el nivel llegue a 1 cm de las paredes y encienda el fuego. Cuando el aceite se haya calentado, agregue varias cucharadas de masa y fríalas hasta que se doren. Deles la vuelta con una espátula para que se frían bien por ambos lados.
4 Escurra sobre papel de cocina y agregue un buen toque de sal marina.

375 g de patatas nuevas *sin pelar*
1 cebolla *picada fina*
2 dientes de ajo *machacados*
2 cucharadas de vinagre de Jerez
150 ml de aceite de oliva virgen
1 lata de atún en aceite de 185 g,
    escurrida
2 cucharadas de perejil de hoja plana
    picado
sal marina y pimienta negra *recién molida*
pan de ajo para servir

ensalada de patata y atún

Tengo por norma evitar el uso de ingredientes en conserva, pero para esta ensalada el atún en lata queda mejor. Basta con comprar el de mejor calidad que encuentre.

1 Introduzca las patatas en un cazo con agua salada hirviendo y cuézalas durante 15 o 20 minutos. Escúrralas en un colador y espere a que se enfríen para poder pelarlas fácilmente.

2 Coloque las patatas el un robot de cocina. Agregue la cebolla, el ajo, el vinagre, la mitad del aceite y la mitad del atún, y triture hasta obtener una pasta.

3 Con el robot en funcionamiento, agregue el resto del aceite a través del tubo de alimentación. Bata hasta obtener un puré sin grumos.

4 Coloque en una fuente y reparta por encima el resto del atún. Espolvoree con perejil y sazone. Sirva a temperatura ambiente con rebanadas de pan de ajo.

400 g de patatas harinosas
75 ml de aceite de oliva virgen
1 cebolla *picada muy fino*
2 dientes de ajo *machacados*
6 huevos grandes
sal marina y pimienta negra *recién molida*

minitortillas de patata

Si bien la tortilla es un plato muy tradicional, prepararla bien no resulta tan sencillo. La clave para esta receta es remojar las patatas el tiempo suficiente en el huevo batido, para que se empapen y se ablanden. Además, es posible utilizar una sartén pequeña si no se dispone de moldes pequeños.

1 Corte las patatas muy finas con ayuda de una mandolina o de un cuchillo bien afilado. Séquelas con papel de cocina.

2 Caliente el aceite de oliva en una sartén grande antiadherente a fuego medio. Vierta las patatas, la cebolla y el ajo, y fría entre 15 y 20 minutos o hasta que las patatas estén tiernas y la cebolla ligeramente caramelizada.

3 Bata los huevos en un cuenco, con una pizca colmada de sal y de pimienta. Mezcle cuidadosamente las patatas con los huevos y reserve entre 10 y 15 minutos.

4 Precaliente el horno a 180 ºC.

5 Unte con un poco de aceite 8 moldes redondos de 7 cm (se pueden utilizar moldes para madalenas si resulta necesario) y rellénelos con la mezcla de patatas y huevo.

6 Coloque los moldes sobre una placa de horno y hornee de 12 a 15 minutos, hasta que el huevo cuaje. Saque las tortillas de los moldes para servir. También es posible servirlas dentro de los moldes.

Truco de P. G.: Se puede agregar algo de chorizo a la cebolla para que las tortillas tengan un toque algo picante. Están deliciosas tanto frías como calientes, y también con mayonesa al ajo.

550 ml de cava (o de vino espumoso)

¼ de pepino pequeño, *en finas láminas longitudinales*

1 pizca de sal marina

12 ostras *abiertas y limpias*

10 g de caviar (para un toque de lujo)

ostras con granizado de cava

A continuación, una receta de lo más atractiva: ostras saladas y frías con pepino y caviar, acompañadas de cava granizado. ¡Se trata de una verdadera delicia para las papilas gustativas!

1 Mezcle 300 ml de agua con el cava en un recipiente pequeño y poco profundo. Resérvelo en el congelador. Coloque el pepino y la sal en un cuenco para extraer el exceso de agua.

2 Pasados 30 minutos, saque el granizado del congelador y mézclelo bien con un tenedor para homogeneizar el granulado. Vuelva a introducirlo en el congelador durante 2 horas, removiendo de vez en cuando.

3 Retire las ostras de las conchas, que se deben lavar, secar y reservar. Reserve tantas conchas como ostras se vayan a servir.

4 Coloque una base de pepino sobre cada cáscara, y cubra con 1 ostra.

5 Rompa bien el granizado y repártalo sobre las ostras. Corone con el caviar (opcional). Para disfrutar al máximo de la receta, conviene comérselas de un bocado.

75 g de tomates secados al sol en aceite, *escurridos*

1 bulbo de hinojo, *pelado y cortado en gajos de 1 cm*

1 diente de ajo *picado*

1 hoja de laurel pequeña

2 cucharadas de aceite de oliva virgen

sal marina y pimienta negra *recién molida*

100 ml de agua

50 ml de vinagre de vino blanco

100 ml de vino blanco seco

200 g de almejas pequeñas

350 g de mejillones

175 g de calamares pequeños, *sin tentáculos y limpios*

marisco en escabeche

Se cree que la palabra *escabeche* es de origen persa y que designaba un plato de pescado frito o escalfado que se servía con una marinada ácida. Existen platos similares en otros lugares del mundo, como el *escovitch* de Jamaica, o el *scapece* italiano.

1 Precaliente el horno a 180 ºC.

2 Disponga las hortalizas, el ajo y la hoja de laurel en una fuente para horno, vierta por encima la mitad del aceite de oliva y mezcle bien. Salpimente y hornee durante 30 minutos, hasta que comiencen a caramelizarse.

3 Ponga a hervir el agua con el vinagre de vino, el vino blanco y 1 pizca de sal marina. Agregue el marisco, añada el resto del aceite y cuézalo tapado durante 1 o 2 minutos, hasta que el marisco esté listo. Retire del fuego y espere a que se enfríe.

4 Disponga las hortalizas en una fuente poco profunda y coloque por encima el marisco. Rocíe con un poco del aceite de la cocción y espolvoree un poco de pimienta negra recién molida.

europa

En Europa, los platos pequeños van desde los *antipasti* italianos o los *amuse-bouches* franceses hasta los *smorgasbord* suecos. En todos ellos se prefieren los ingredientes frescos y destacan las combinaciones armoniosas de sabores.

10 g de mantequilla
2 cebollas pequeñas *picadas finas*
250 g de patatas nuevas, *hervidas,*
   peladas y en finas láminas
¼ de cucharada de semillas de hinojo
8 huevos
125 ml de crema de leche espesa
sal marina y pimienta negra *recién molida*
225 g de salmón ahumado *en dados*
crema agria
eneldo fresco
un poco de caviar (opcional)

tortilla rusa

¿Por qué tortilla rusa? Quería presentar un plato a base de huevos y salmón ahumado... el salmón me llevó al caviar (¿por qué no?)... y el caviar, a la crema agria... y, de repente, la receta tomó forma.

1 Derrita la mantequilla en una sartén antiadherente de 25 cm. Agregue las cebollas y sofríalas a fuego bajo hasta que se doren, unos 5 o 6 minutos. Añada las patatas cocidas y las semillas de eneldo.

2 Precaliente el grill a intensidad media.

3 Bata los huevos en un cuenco e incorpore la crema de leche. Sazone al gusto con sal y pimienta. Vierta la mitad de los huevos en la sartén y extiéndalos por encima el salmón ahumado. Cueza durante unos minutos, hasta que la tortilla comience a cuajar. A continuación, vierta el resto de los huevos y cueza otros 5 o 6 minutos.

4 Retire la tortilla del fuego y colóquela bajo el grill, hasta que suba y se tueste.

5 Ponga la tortilla en una tabla y córtela en cuñas. Sírvala con la crema agria y espolvoréela con algo de eneldo fresco. Si desea darse un capricho, es posible coronarla con 1 cucharadita de caviar.

8 vainas de anís estrellado
3 cucharadas de azúcar blanquilla
3 cucharadas de sal marina
500 g de filetes de salmón muy frescos
   y gruesos, *sin la piel*
2 limones *en rodajas muy finas*

para la salsa
150 ml de mayonesa de calidad
1 remolacha cocida *picada*
½ cucharadita de mostaza de Dijon
1 cucharadita de miel líquida

salmón curado con anís

Descubrí la combinación anís estrellado-salmón en Estocolmo. En este caso, se trata de anís molido que se combina con la sal y el azúcar para formar una marinada al estilo gravadlax.

1 Coloque las vainas de anís en un mortero o en un molinillo de café pequeño y macháquelas hasta obtener un polvo fino. Agregue la sal y el azúcar y frote con la mezcla los filetes de salmón.

2 Coloque sobre el salmón las rodajas de limón y envuélvalo firmemente con papel de aluminio. Déjelo marinar durante toda la noche en una bandeja en el frigorífico.

3 Para preparar la salsa, bata todos los ingredientes con una batidora hasta obtener una salsa homogénea. Sazone al gusto.

4 Saque el salmón del frigorífico, y quítele las rodajas de limón, así como el resto de la mezcla de especias. Corte los filetes en lonchas de 5 mm de grosor, dispóngalos en una fuente y sírvalos acompañados de la salsa.

Truco de P. G.: Si desea presentar la receta de forma alternativa, es posible cortar el salmón curado en dados e insertarlos en broquetas de madera.

110 g de mantequilla
150 g de harina *tamizada*
4 huevos *batidos*
150 g de queso Stilton
100 g de queso gruyer
sal marina y pimienta negra *recién molida*
aceite vegetal para freír

buñuelos de Stilton

El queso Stilton es uno de los mayores tesoros del Reino Unido. Estos pequeños fritos son una forma excelente de dar salida a los restos de una tabla de quesos.

1 Ponga a hervir 300 ml de agua. Agregue la mantequilla y espolvoree rápidamente la harina. Mezcle con una cuchara de madera hasta que la mezcla se despegue de las paredes del cazo y retire del fuego.

2 Incorpore los huevos batidos a la mezcla en 3 fases, removiendo bien cada vez. A continuación, con la mezcla todavía caliente, agregue los quesos y sazone al gusto.

3 Caliente el aceite en una sartén a 160 °C. Fría la masa por tandas, vertiendo cucharadas en el aceite caliente. Retire los buñuelos del fuego cuando esten dorados.

4 Déjelos escurrir sobre papel absorbente y sirva.

Truco de PG: Los buñuelos de Stilton quedan deliciosos con *chutney* de ciruelas, o incluso de manzana o de tomate. Los encurtidos son también un excelente acompañamiento.

1 berenjena grande
1 diente de ajo *pelado y en láminas finas*
6 cucharadas de aceite de oliva virgen
1 cebolla pequeña *picada fina*
1 pimiento rojo pequeño *picado*
½ pimiento verde pequeño *picado*
2 tomates maduros, *sin semillas y picados*
½ cucharadita de azúcar
zumo de ¼ de limón
sal marina y pimienta negra recién molida

ikra

Esta ensalada de berenjenas rusa se puede servir también como salsa para untar. Para ello, basta con batirla en la batidora al terminar la preparación. En Rusia, se suele servir acompañada de pan de centeno o de *pumpernickel*.

1 Precaliente el horno a 220 °C.

2 Con ayuda de un cuchillo pequeño, practique unas pequeñas incisiones en la berenjena y llene las aberturas con las láminas de ajo.

3 Frote la berenjena con un poco de aceite y póngala en una placa para hornear. Hornee 1 hora, dándole la vuelta ocasionalmente, hasta que la berenjena esté chamuscada y asada.

4 Mientras, caliente 3 cucharadas de aceite en una cacerola, añada la cebolla y sofríala 5-6 minutos hasta que se ablande. Incorpore los pimientos y cuézalos 5 minutos hasta que estén cocidos. Transfiera el conjunto a un cuenco.

5 Pele cuidadosamente la piel de la berenjena; luego, corte la pulpa finalmente hasta casi reducirla a puré. Añádalo a la mezcla de pimiento.

6 Mezcle con los tomates, el azúcar, el zumo de limón y el resto del aceite de oliva. Salpimiente.

1 cucharada de aceite vegetal
1 cebolla pequeña *picada fina*
½ cucharadita de tomillo fresco
2 lonchas de beicon *cortado en trozos*
2 cucharadas de pasas *remojadas en*
agua y escurridas
1 manzana Granny Smith *pelada,*
sin el corazón y partida
170 g de morcilla
sal y pimienta negra *recién molida*
300 g de pasta de hojaldre
un poco de huevo *batido*

pastelillos de morcilla, manzana y beicon

Cada vez que sirvo estos pastelillos con unas bebidas, desaparecen en cuestión de segundos. Aconsejo que se preparen en grandes cantidades, pues uno siempre acaba comiendo más de la cuenta... Además, se pueden congelar.

1 Caliente el aceite en una sartén. Cuando esté caliente, agregue la cebolla y el tomillo y sofría durante 5 o 6 minutos hasta que la cebolla se ablande.

2 Suba el fuego y agregue el beicon, las pasas y la manzana. Fría hasta que el beicon esté bien cocido y la manzana, caramelizada. Para terminar, agregue la morcilla. Mezcle bien y deje en el fuego hasta obtener una pasta. Sazone al gusto, retire del fuego y deje enfriar.

3 Precaliente el horno a 200 °C. Unte con un poco de aceite entre 12 y 15 moldes pequeños para tartaletas (sirven también los de magdalenas pequeñas).

4 Extienda la pasta hasta que alcance un grosor de 3 mm. A continuación, corte en ella 12 círculos con ayuda de un cortapastas redondo de 6 cm. Corte otros 12 círculos, esta vez de 5 cm, para la parte superior del pastel.

5 Introduzca en los moldes los círculos de pasta grandes. Rellénelos con 1 cucharada de la mezcla de morcilla. Pincele con un poco de huevo batido los bordes de la pasta y, a continuación, coloque los círculos de pasta sobre el relleno. Presione ligeramente los bordes para cerrarlos bien y pincele los pastelillos con el resto del huevo batido.

6 Con ayuda de un cuchillo pequeño, realice un par de cortes sobre cada pastelillo. A continuación, hornéelos entre 12 y 15 minutos, hasta que se doren. Déjelos enfriar un poco antes de desmoldarlos y sírvalos.

12 huevos de codorniz
2 cucharadas del sal marina gruesa
1 cucharada de cebollino fresco *picado*
¼ de cucharada de pimentón

huevos de codorniz con sal marina y especias

Los huevos de codorniz se han puesto de moda, y es muy fácil encontrarlos. Tienen un sabor delicado e intenso, y quedan bien tanto cocidos como pasados por agua.

1 Ponga a hervir en un cazo con agua e introduzca en él cuidadosamente los huevos de codorniz. Baje el fuego y cueza a fuego lento durante 4 minutos. Retírelos del fuego y lávelos inmediatamente con agua helada.

2 Pele los huevos y colóquelos en cucharillas individuales o en un cuenco.

3 Mezcle la sal, el cebollino y el pimentón. Espolvoree sobre cada huevo y sirva.

Truco de P. G.: Los huevos de codorniz también se pueden servir de las siguientes formas: con sal de apio, con mayonesa de anchoas, con caviar (para darse un capricho gastronómico)...

**300 g de setas (por ejemplo, Portobello,
champiñones, *shiitake*, orellanas
o de cardo)**

3 cucharadas de aceite de oliva virgen

2 dientes de ajo *picados*

sal marina y pimienta negra *recién molida*

1 bola de *mozzarella* de búfala *en finas
lonchas*

2 panes de chapata pequeños *abiertos
por la mitad horizontalmente*

1 cucharadita de hojas de tomillo fresco

setas al horno con pan de *mozzarella*

Al asarlas con un poco de ajo y tomillo, las setas desprenden todo su sabor.
Si no encuentra una selección interesante, la receta puede prepararse sólo
con su variedad preferida.

1 Precaliente el horno a 220 °C.

2 Limpie las setas, córtelas en trozos grandes y colóquelas en una fuente de horno.
Rocíelas con 2 cucharadas de aceite de oliva, salpiméntelas y mezcle bien.
Introduzca las setas en el horno ya caliente y áselas entre 15 y 20 minutos,
hasta que queden doradas y tiernas.

3 Mientras tanto, coloque varias rodajas de *mozzarella* sobre el pan abierto, rocíelas
con algo del aceite restante y espolvoréelas con el tomillo. Coloque el pan en una
placa de horno y hornéelo hasta que esté dorado y crujiente y el queso comience
a derretirse.

4 Para servir, corte los panes en tiras gruesas y dispónga éstas alrededor de las setas,
en una fuente.

2 cucharadas de aceite de oliva virgen
4 filetes de anchoas en salmuera,
   aclarados y picados finos
1 diente de ajo *picado*
2 cucharadas de nueces *picadas*
1 cucharada de vinagre de vino blanco
40 g de mantequilla
ralladura de ½ limón
2 cucharadas de perejil *picado*
40 g de pan blanco *recién rallado*
   y tostado ligeramente
16 yemas de espárragos verdes
sal marina

espárragos con *gremolata* de anchoas

La *gremolata* italiana clásica se elabora sólo con ajo, perejil y ralladura de limón. Al agregarle anchoas y nueces, se convierte en la salsa ideal para los espárragos. Añádale además un huevo pasado por agua y untuoso a la receta, ¡quedará deliciosa!

1 Caliente el aceite de oliva en una sartén antiadherente. Agregue las anchoas y caliente hasta que se ablanden. Añada el ajo y las nueces y sofría durante 1 minuto. A continuación, vierta el vinagre por encima.

2 Añada la mantequilla y espere a que comience a borbotear. Incorpore la ralladura de limón, el perejil y el pan rallado y mantenga caliente.

3 Hierva las yemas de espárragos en agua salada durante 2 o 3 minutos y escúrralas.

4 Disponga los espárragos en un plato y recúbralos con la gremolata.

2 cucharadas de aceite de oliva virgen
1 diente de ajo *picado*
375 g de calabacines pequeños,
   cortados transversalmente en rodajas
   de 1 cm
30 ml de vinagre de vino tinto
30 ml de miel
25 g de pasas
sal marina y pimienta negra *recién molida*
1 cucharadita de alcaparras extrafinas
   bien escurridas
3 cucharadas de almendras laminadas
   tostadas

calabacines agridulces

Los italianos preparan las hortalizas a la maravilla, ¡consiguen que su sabor no parezca de este mundo! A continuación, una sencilla receta que descubrí en Venecia.

1 Caliente el aceite en una sartén grande. Agregue el ajo y sofría a fuego medio hasta que empiece a tomar color.

2 Añada las rodajas de calabacín y cueza unos 3 o 4 minutos, hasta que comiencen a tostarse. Incorpore el vinagre y la miel, seguidos de las pasas.

3 Cubra la sartén con una tapadera y deje sobre el fuego unos 4 o 5 minutos, removiendo de vez en cuando.

4 Disponga los calabacines en un plato. Se pueden servir calientes o a temperatura ambiente. Antes, sazónelos al gusto, agregue las alcaparras y corone con las almendras laminadas.

12 tomates cereza grandes

1 cucharada de azúcar blanquilla

1 diente de ajo *picado*

½ cucharadita de hojas de orégano frescas

sal marina y pimienta negra *recién molida*

aceite de oliva virgen

325 g de masa de hojaldre

120 g de queso de cabra maduro y firme *en dados*

1 pera pequeña *pelada en láminas finas, para servir*

para el aceite negro

6 cucharadas de aceite de oliva virgen

8 aceitunas negras

tartaletas de queso de cabra con aceite negro

Los tomates cereza asados a fuego lento desprenden todo su sabor natural, que se vuelve más intenso.

1 Precaliente el horno a 220 ºC.

2 Corte los tomates cereza por la mitad y colóquelos sobre una placa de horno cubierta con papel de aluminio. Sazónelos con el azúcar, el ajo, el orégano, un poco de sal y un chorrito de aceite de oliva.

3 Áselos en el horno a fuego lento durante unos 30 minutos. Los tomates deben quedar tiernos y arrugados, pero no pastosos. Retírelos del horno y déjelos enfriar.

4 Para preparar el aceite negro, basta con batir en la batidora el aceite con las aceitunas hasta obtener una pasta.

5 Extienda la pasta de hojaldre hasta que tenga un grosor de 3 mm. Corte 12 círculos de 7,5 cm con un cortapasta estriado. Pinche los círculos con un tenedor y coloque encima los tomates asados (con el lado cortado hacia arriba).

6 Disponga los círculos de pasta sobre una placa y hornéelos entre 8 y 10 minutos, hasta que las tartaletas estén prácticamente listas. Coloque encima los dados de queso de cabra y devuélvalas al horno 2 minutos más.

7 Sáquelas del horno y deje que se enfríen. Antes de servir, rocíelas con el aceite negro y decore con unas láminas de pera.

400 g de panceta de cerdo *cortada en*
trozos de 5 cm
125 g de tocino de cerdo *cortado en*
trozos de 5 cm
150 ml de vino blanco seco
2 dientes de ajo
1 hoja de laurel
4 ramitas de romero
1 pizca de macis
sal marina y pimienta negra *recién molida*
un poco de harina
2 huevos *batidos*
100 g de pan blanco rallado
aceite vegetal para freír

para la salsa
100 ml de salsa vinagreta
1 cucharada de los siguientes
ingredientes picados:
    alcaparras, pepinillos, escalonias,
    huevo duro y perejil

rillettes de cerdo crujientes

Las *rilletes* de cerdo son uno de los mejores platos de la gastronomía francesa
tradicional. Son fáciles de preparar, aunque requieren algo de tiempo. Si no dispone
de mucho, es posible comprarlas en tiendas de alimentación especializada, tan sólo
hay que comprobar que sean de la mejor calidad posible.

1　Precaliente el horno a 150 °C.
2　Mezcle todos los ingredientes para las *rillettes* (excepto la harina, el huevo,
　　el pan rallado y el aceite) en una cazuela refractaria. Cúbrala con su tapadera
　　y hornee durante 3 o 4 horas, hasta que la carne comience a desmenuzarse.
　　Deje enfriar y retire la hoja de laurel y el tomillo.
3　Saque la carne de cerdo de la cazuela y sepárela en tiras con ayuda de dos
　　tenedores. Vuelva a mezclarla con el tocino de cerdo y los fondos de cocción,
　　y sazone al gusto. Introduzca la mezcla en una tarrina o molde rectangular
　　pequeño y déjela en el frigorífico durante toda la noche.
4　Saque las *rillettes* de la tarrina y córtelas en dados de 1 cm aproximadamente.
　　Páselos por harina, huevo y pan rallado.
5　Caliente el aceite en una sartén y fría los dados rebozados hasta que queden
　　dorados y crujientes.
6　Para preparar la salsa, mezcle bien todos sus ingredientes. Sírvala de
　　acompañamiento con las *rillettes* crujientes.

1 frasco grande de alcachofas mini
　　en conserva
2 dientes de ajo *picadas*
1 manojo de hojas de albahaca frescas
2 cucharadas de queso parmesano
　　recién rallado
1 cucharada de piñones
1 pizca de azúcar
sal marina y pimienta negra *recién molida*
zumo de ½ limón

alcachofas en su salsa

Creé este pesto de alcachofas hace algunos años; formaba parte de un plato de
pasta que presenté en un concurso. Con el paso del tiempo, se ha convertido en una
salsa que se sirve con alcachofas marinadas, una combinación sorprendente que ha
resultado ser sumamente popular, tanto entre las personas vegetarianas como entre
las que no lo son.

1　Escurra las alcachofas y reserve el aceite. Bata ¼ de ellas con una batidora pequeña
　　hasta obtener un puré. Agregue el ajo, la albahaca, el queso parmesano, los piñones
　　y el azúcar y bata de nuevo.
2　Con la batidora en marcha, agregue el aceite de las alcachofas y siga batiendo hasta
　　obtener una salsa similar al pesto. Sazone con sal, pimienta y zumo de limón al
　　gusto.
3　Coloque el resto de las alcachofas en una fuente. Vierta por encima la salsa y sirva.

500 g de filetes de fletán muy frescos, *sin piel ni espinas*

zumo de 1 limón

4 cucharadas de aceite de oliva virgen

sal marina y pimienta negra *recién molida*

½ chile rojo pequeño, *sin semillas y picado fino*

2 tomates maduros firmes, *sin semillas y en dados pequeños*

6 aceitunas negras deshuesadas, *cortadas en trozos pequeños*

1 cucharadita de alcaparras extrafinas, *escurridas y secas*

3 rábanos rojos *en rodajas muy finas*

fletán crudo

En Italia, la carne o el pescado servidos crudos se están popularizando tanto como el cebiche en México. A mí me gusta especialmente el pescado preparado de esta manera. Para esta receta, lo más importante es que el pescado sea muy fresco.

1 Con ayuda de un cuchillo de hoja fina y bien afilada, corte el pescado en láminas de 3 mm de grosor. Colóquelas en una fuente poco profunda y sazónelas con sal y pimienta.

2 Bata en un cuenco el zumo de limón, el aceite de oliva y algo de sal y pimienta. Agregue el resto de los ingredientes, mezcle bien y vierta el aliño sobre el fletán. Tape y deje marinar en el frigorífico durante 30 minutos.

3 Sirva las láminas de pescado recubiertas de la deliciosa marinada.

2 cucharadas de aceite de oliva virgen

1 bulbo de hinojo *en rodajas muy finas*

½ cucharadita de semillas de hinojo

100 g de salmón ahumado *cortado en dados*

2 cucharadas de eneldo fresco *picado*

sal marina y pimienta negra *recién molida*

2 cucharadas de queso crema

para los blinis (12-16)

50 g de harina de trigo sarraceno

25 g de harina de trigo

½ cucharadita de levadura en polvo

1 huevo *batido*

120 ml de leche o de suero de leche

20 g de mantequilla *derretida*

algo más de mantequilla para freír

tartar de salmón con blinis

El tartar de salmón es un gran clásico de los aperitivos. Además, es una excelente forma de utilizar los restos de salmón ahumado.

1 Para preparar la masa de los blinis, tamice las harinas sobre un cuenco. Agregue la levadura y, a continuación, el huevo, la leche o el suero de leche y la mantequilla derretida. Remueva hasta obtener una masa homogénea y déjela reposar 15 minutos.

2 Caliente el aceite en una sartén. Agregue el hinojo y las semillas de hinojo y cueza a fuego lento entre 15 y 20 minutos, hasta que quede tierno y caramelizado.

3 Coloque el salmón en un cuenco e incorpore el eneldo, la sal y la pimienta.

4 Derrita aproximadamente ½ cucharada de mantequilla en una sartén pequeña antiadherente. Por tandas, vaya vertiendo cucharadas de masa en la sartén. Fríalas hasta que queden doradas por ambos lados. Retire del fuego y reserve al calor.

5 Para servir, coloque un poco de la mezcla de hinojo sobre cada blini, seguida de 1 cucharada de queso crema, y corone con el salmón.

queso de cabra en aceite provenzal

4 quesos de cabra firmes (o 1 grande
    cortado en 4)

60 g de tomates secados al sol en aceite
    escurridos

1 cucharadita de granos de pimienta
negra

4 dientes de ajo *pelados y en finas
    láminas*

4 hojas pequeñas de laurel

4 ramitas de romero

4 ramitas de tomillo

4 ramitas de lavanda, seca o fresca

150 ml de aceite de oliva virgen

Hace poco que he empezado a servir esta receta de queso de cabra en aceite a los comensales que llegan al restaurante. Sirve para abrir el apetito, y ha sido un éxito rotundo, hasta el punto de que cada vez la piden más como entrante de la comida. Unas rebanadas muy finas de pan de nueces son el acompañamiento más adecuado para el queso caliente, pero las baguetes o el pan *focaccia* son también excelentes.

1 Introduzca cada queso de cabra dentro de un frasco pequeño. Reparta los tomates, las especias y las hierbas entre los 4 frascos y, a continuación, introduzca en cada uno 1 ramita de lavanda. Cubra el queso con aceite de oliva.

2 Cierre bien los frascos y refrigérelos durante 1 semana antes de consumirlos.

3 Cuando estén listos para servir, precaliente el horno a 120 ºC. Coloque los frascos en una fuente de horno con 2,5 cm de agua y caliéntelos en el horno durante 30 minutos. El queso debe calentarse y adquirir una textura ligeramente más blanda.

4 ¡Los invitados disfrutarán comiéndose el queso directamente de los frascos!

patatas al horno con chile y crema agria

4 patatas harinosas grandes (variedad
    Desirée o Maris Piper)

100 ml de aceite de oliva virgen

sal marina

1 o 2 cucharadas de chile en polvo
    (al gusto)

crema agria para servir

La siguiente receta es de lo más sencillo. Para darle un toque particular, se pueden emplear batatas en lugar de patatas.

1 Precaliente el horno a 220 ºC.

2 Corte las patatas en 8 cuñas cada una y colóquelas en un cuenco. Agregue el aceite de oliva, la sal y el chile en polvo y mezcle bien hasta que las patatas se impregnen.

3 Disponga las patatas sobre una placa de horno y áselas unos 15 o 20 minutos. Darles la vuelta y continúe horneándolas otros 15 o 20 minutos. Deles la vuelta por última vez y déjelas en el horno 20 minutos más, hasta que queden doradas y crujientes.

4 Espere a que se enfríen ligeramente antes de servirlas acompañadas de la crema agria.

400 g de sardinetas frescas
sal marina y pimienta negra *recién molida*
aceite vegetal para freír
4 cucharadas de leche
2 cucharadas de harina
pimienta de Cayena
cuñas de limón para servir

sardinetas picantes

Estoy sumamente satisfecho de incluir esta receta en el libro. Este plato de pescaditos crujientes y ligeramente picantes fue uno de los primeros que preparé cuando era aprendiz de chef en una escuela de cocina hace ya muchos años...

1 Lave las sardinetas con agua fría, escúrralas y séquelas bien. Sazone el pescado con sal y pimienta.

2 Caliente el aceite vegetal a 160 °C.

3 Moje el pescado en leche, escúrralo y páselo directamente por harina. A continuación, fríalo hasta que quede dorado y crujiente (1 o 2 minutos aproximadamente). Escúrralo sobre papel absorbente o sobre papel de periódico arrugado.

4 Espolvoréelo ligeramente con pimienta de Cayena y sírvalo acompañado de las cuñas de limón.

Truco de P. G.: Si arruga el papel de cocina antes de usarlo, absorbe mejor el aceite de los fritos. El papel de periódico también sirve.

8 sardinas frescas de tamaño medio
limpias
2 cucharadas de aceite de oliva virgen

para el relleno
1 cucharada de aceite de oliva virgen
50 g de pan blanco rallado
2 cucharadas de pasas *remojadas en agua 20 minutos, escurridas y picadas*
2 huevos duros *cortados en trozos grandes*
sal marina y pimienta negra *recién molida*

para el pesto
50 g de hojas de apio (tan verdes como sea posible)
25 g de perejil
1 diente de ajo *picado*
30 g de piñones *ligeramente tostados*
100 ml de aceite de oliva virgen

sardinas rellenas con pesto de apio

Las hojas de apio se suelen utilizar únicamente como acompañamiento en las tablas de quesos, o para preparar salsas o caldos. ¡Es un desperdicio! Se pueden utilizar para crear este peculiar pesto, que sirve de guarnición para las sardinas.

1 Precaliente el horno a 200 °C.

2 Para preparar el relleno, caliente el aceite de oliva en una sartén antiadherente. Agregue el pan rallado y fría hasta que comience a dorarse. Colóquelo en un cuenco y deje que se enfríe. Incorpore las pasas y los huevos y sazone al gusto.

3 Corte las cabezas de las sardinas, ábralas por la mitad con un cuchillo y retire las espinas cuidadosamente. Lave el interior y séquelo.

4 Rellene las sardinas con la mezcla de pan rallado y ciérrelas presionando los bordes. A continuación, dispóngalas sobre una placa de horno. Sazónelas con sal y pimienta y rocíelas con el aceite restante. Seguidamente, hornéelas 10 y 12 minutos.

5 Mientras tanto, bata con la batidora las hojas de apio, el perejil, el ajo y los piñones. Agregue aceite de oliva hasta obtener una salsa ligera y sazone al gusto.

6 Coloque las sardinas en una fuente, cúbralas con el pesto y sirva.

piruletas de tomates cereza y *bocconcini*

12 tomates cereza *sin el tallo*

1 cucharada de olivada

12 *bocconcini* (*mozzarella* mini)

½ cucharadita de ralladura de limón

2 cucharadas de aceite de oliva virgen

1 cucharada de perejil

Ésta es una receta sencilla pero vistosa, basada en la receta de la ensalada caprese, la consabida combinación italiana de *mozzarella* y tomate.

1 Con ayuda de un cuchillo bien afilado, corte 1 cm de la parte superior de los tomates. Con ayuda de una cuchara para preparar bolas de limón, retírelas las semillas sin dañar el exterior.

2 Rellene los tomates con un poco de olivada y coloque encima un bocconcini.

3 Inserte la base de los tomates en una brocheta larga, de bambú o de otra madera. Para obtener una presentación todavía más vistosa, sirva las piruletas de tomate en vasos de tubo.

4 Mezcle en un cuenco la ralladura de limón, el aceite de oliva y el perejil. Rocíe con dicha mezcla los tomates antes de servir.

croquetas de ceps

50 g de mantequilla

175 g de harina, y algo más para la masa

425 ml de leche

2 cucharadas de aceite de oliva virgen

200 g de ceps frescos (o de alguna otra seta comestible) *cortados en trozos grandes*

1 escalonia grande *picada fina*

1 diente de ajo pequeño *picado*

sal marina y pimienta negra *recién molida*

2 huevos *batidos*

125 g de pan blanco rallado

200 ml de aceite de oliva virgen para freír

Los ceps, también conocidos como setas calabaza u hongos, son una variedad de *Boletus*. Este nombre procede del latín y significa «seta superior», exactamente lo que son. Tienen un aroma muy característico, que recuerda a la masa fermentada.

1 En primer lugar, derrita la mantequilla en un cazo. Agregue la harina y bata hasta obtener una masa homogénea. Cueza a fuego lento hasta obtener el clásico *roux*. Vierta la leche poco a poco, esperando a que se incorpore al *roux* antes de agregar más. Cocine a fuego lento entre 5 y 8 minutos, hasta obtener una salsa sin grumos, de apariencia satinada y de consistencia espesa. Reserve.

2 Caliente el aceite de oliva en una sartén. Cuando esté caliente, agregue los ceps cortados en trozos grandes y saltéelos 2 o 3 minutos, hasta que queden tiernos y dorados. Agregue la escalonia y el ajo y cocine otros 2 minutos más.

3 Incorpore a la salsa la mezcla de ceps; remueva bien, sazone al gusto y vierta en un cuenco para que se enfríe. Una vez fría, coloque la masa sobre una superficie ligeramente enharinada y forme con ella un rollo largo de unos 2 cm de diámetro. Córtelo en trozos de 3 cm de longitud.

4 Pase las croquetas por el huevo y el pan rallado (las croquetas sin freír se pueden congelar hasta su uso).

5 Cuando estén listas para servir, caliente el aceite de oliva a 160 °C en una sartén honda. Fría las croquetas por tandas durante 2 o 3 minutos, hasta que estén bien calientes y doradas.

4 lonchas de jamón de Parma o serrano *cortadas por la mitad*

8 hojas pequeñas de salvia, y algunas **más para la presentación**

2 cucharadas de *mostarda di Cremona* **(receta italiana de frutas confitadas a la mostaza)**

350 g de filetes de rape *sin piel y sin espinas, y cortados en 8 dados*

sal marina y pimienta negra *recién molida*

3 cucharadas de aceite de oliva virgen

30 g de mantequilla

ralladura de ½ limón

1 cucharadita de vinagre balsámico

spiedini de rape con frutas confitadas

Spiedino es la palabra italiana para broqueta. La idea de utilizar jamón de Parma y salvia para envolver los dados de rape procede del clásico plato italiano *saltimbocca*, que tradicionalmente se prepara con ternera, no con pescado.

1 Extienda sobre la superficie de trabajo las lonchas de jamón cortadas por la mitad. Coloque en el centro de cada una 1 hoja de salvia, un poco de *mostarda* y, para terminar, 1 dado de rape. Sazone ligeramente con sal y pimienta. Enrolle el jamón y forme unos pequeños paquetes que se deben asegurar con una broqueta o un palillo.

2 Caliente 2 cucharadas de aceite de oliva en una sartén. Cuando esté caliente, agregue los rollitos de jamón y fríalos 2 o 3 minutos por cada lado, hasta que queden dorados y tiernos. Retírelos del fuego y manténgalos calientes en una fuente.

3 Limpie la sartén con un poco de papel de cocina y vuelva a colocarla sobre el fuego. Añada la mantequilla y caliéntela hasta que comience a formarse espuma. Agregue seguidamente la ralladura de limón y el vinagre. Deje que la salsa hierva durante 30 segundos.

4 Caliente la cucharada restante de aceite de oliva en una sartén y fría un puñado de hojas de salvia durante 30 segundos aproximadamente, hasta que las hojas queden crujientes. Escúrralas sobre papel absorbente.

5 Vierta la salsa sobre los rollitos, corónelos con las hojas de salvia y sirva inmediatamente.

Truco de P. G.: Las frutas confitadas a la mostaza italianas, conocidas en el país como *mostarda di Cremona* o *mostarda di frutta* se conservan en un jarabe dulce con ligero sabor a mostaza. Son un buen acompañamiento para las salchichas, las carnes frías y el queso. Es posible adquirirlas en establecimientos especializados en alimentos italianos.

dátiles con polenta

12 dátiles Medjool *deshuesados*
50 g de queso gorgonzola *desmenuzado*
6 lonchas de beicon

para los cuadrados de polenta
100 g de polenta de cocción rápida
25 g de mantequilla sin sal
2 cucharadas de parmesano rallado
2 cucharadas de aceite de oliva virgen

Los dátiles Medjool son verdaderamente los mejores: dulces y pegajosos, ¡no parecen de este mundo! En cambio, el queso y el beicon le dan un toque salado a la receta, que se convierte así en un delicioso canapé.

1 Para preparar la polenta, hierva en un cazo 700 ml de agua. Agregue la polenta poco a poco, sin dejar de remover, hasta que tenga una consistencia similar a la de las gachas. Baje el fuego y cueza entre 10 y 12 minutos, hasta que quede muy espesa.

2 Agregue el parmesano y la mantequilla y extienda la polenta sobre una placa de horno poco profunda y untada con aceite, de unos 20 cm. Refrigere toda la noche, cubierta con película de plástico.

3 Al día siguiente, corte los dátiles longitudinalmente desde el extremo superior, pero sin partirlos del todo. Ábralos al máximo y rellénelos de queso gorgonzola. Luego, envuélvalos en ½ loncha de beicon y asegure los rollitos con 1 palillo de cóctel.

4 Caliente al máximo una parrilla y picélela con aceite de oliva.

5 Corte la polenta en 12 rombos de 5 cm. Dórelos sobre la parrilla por ambos lados. Ase simultáneamente los rollitos hasta que el beicon esté crujiente.

6 Coloque los dátiles sobre los rombos de polenta y sirva.

bruschetta de higadillos con higos balsámicos

300 g de higadillos frescos de pollo
(también se pueden utilizar los congelados a condición de que se hayan descongelado por completo)
100 ml de leche
3 cucharadas de aceite de oliva virgen
sal marina y pimienta negra *recién molida*
¼ de cucharadita de semillas de hinojo
4 cucharadas de vinagre balsámico
4 higos maduros y firmes *cortados en cuñas*
8 rebanadas de pan francés

Los higos combinados con el vinagre balsámico funcionan a la perfección, y la combinación de frutas dulces y vinagre ácido es la ideal para acompañar unos higadillos de pollo. Se le puede agregar un poco de roqueta para darle un toque picante.

1 Corte los higadillos en trozos pequeños y lávelos bien. Colóque en un cuenco y vierta por encima la leche. Déjelos remojar durante 30 minutos; de este modo, se eliminará cualquier resto amargo.

2 Sáquelos de la leche, lávelos rápidamente con agua fría y séquelos.

3 Caliente el aceite de oliva en una sartén antiadherente. Cuando esté caliente, sazone los higadillos con la sal, la pimienta y las semillas de hinojo, y fríalos a fuego alto durante 1 minuto aproximadamente.

4 Vierta por encima el vinagre y deje que borbotee durante un rato. Agregue los higos y mezcle bien, hasta que tanto éstos como los higadillos estén impregnados de la mezcla. Éstos deben quedar de un tono rosado por el centro.

5 Para servir, tueste las rebanadas de pan hasta que se doren, cúbralas con los higadillos y rocíe con los fondos de cocción restantes.

225 g de harina
1 pizca de sal
1 paquete de 7 g de levadura de
    panadero seca rápida
8 filetes de anchoa *cortados por*
    la mitad, escurridos y secos
50 g de queso gorgonzola *desmenuzado*
aceite vegetal para freír

zeppole con anchoas y gorgonzola

Estos pastelillos, similares a las rosquillas, se comen en Calabria y en otras zonas del sur de Italia y, por lo general, están rellenos de una crema dulce. No obstante, esta versión es salada, y se prepara con uno de los mejores quesos italianos.

1 Tamice la harina sobre un cuenco. Agregue la sal y la levadura y haga un agujero en el centro. Vierta 150 ml de agua caliente y mezcle bien los ingredientes hasta que se forme una masa sin grumos y elástica. Colóquela en un cuenco untado con un poco de aceite, cubra con una película de plástico y refrigere 2 horas.

2 Deposite la masa sobre la superficie de trabajo y amásela durante 1 minuto aproximadamente.

3 A continuación, forme con ella 16 bolas pequeñas. Aplástelas con la palma de la mano y coloque en el centro de cada una 1 trozo de anchoa y un poco de gorgonzola. Doble la masa por encima del relleno. Aplaste los pastelillos, ya rellenos ligeramente.

4 Caliente una sartén con 2,5 cm de aceite. Cuando el aceite esté caliente, fría las *zeppole* por tandas, hasta que se doren. Escúrralas en papel de cocina y sirva.

120 ml de de aceite de oliva virgen
500 g de panceta de cerdo *en dados*
    pequeños
1 cucharada de pimentón
2 cebollas *peladas y picadas*
1 diente de ajo *picado*
75 g de beicon *cortado en dados*
    pequeños
3 pimientos rojos *sin semillas y cortados*
    en tiras
3 tomates firmes, *escaldados, pelados*
    y sin semillas
1 cucharada de perejil *picado*
1 cucharada de cilantro picado
1 chile rojo pequeño, *picado fino*
400 g de almejas o de berberechos

cataplana

Sin duda, mucha gente habrá probado esta receta de estofado de carne de cerdo con almejas durante unas vacaciones en Portugal. El nombre *cataplana* designa al recipiente en el que se cocina y se sirve este estofado. Pero no se preocupe, también se puede preparar en una cazuela refractaria.

1 Caliente el aceite de oliva en una cazuela refractaria. Cuando esté caliente, agregue la carne y el pimentón y fría unos 5 o 6 minutos, hasta que quede crujiente.

2 Agregue la cebolla, el ajo, el beicon y los pimientos y saltee otros 5 minutos. A continuación, añada los tomates, las hierbas y el chile. Baje el fuego y cueza tapado a fuego lento durante 5 o 6 minutos.

3 Para terminar, agregue las almejas. Mezcle, tape y cueza a fuego lento otros 5 minutos. Sirva en platos soperos.

¼ de pepino pequeño, *sin semillas
y cortado en trozos pequeños*

1 cebolla roja pequeña *picada fina*

2 tomates cortados *en dados pequeños*

½ cucharadita de orégano seco

2 cucharadas de vinagre de vino tinto

4 cucharadas de aceite de oliva virgen

75 g de queso feta

1 diente de ajo *picado*

8 aceitunas negras *deshuesada
y picadas finas*

4 panes pitta

125 g de queso cheddar

quesadillas a la griega

El queso feta, ingrediente estrella de la siguiente receta, es ideal para servir antes de comer. Su sabor salado combina a la perfección con cualquier bebida de aperitivo.

1 Mezcle en un cuenco el pepino, la cebolla, los tomates, el orégano, el vinagre y 2 cucharadas de aceite de oliva. Deje reposar durante 20 minutos y escurra bien.

2 Desmenuce en otro cuenco el queso feta y mézclelo con el ajo y las aceitunas. Corte los panes por la mitad horizontalmente y unte 4 trozos de pan con la mezcla de feta.

3 Reparta la ensalada de pepino sobre las 4 mitades, espolvoree con el queso cheddar y cubra con las otras 4 mitades restantes.

4 Caliente el resto del aceite en una sartén grande antiadherente a fuego medio y cueza las quesadillas unos 2 o 3 minutos por lado, hasta que el queso comience a derretirse. Corte en cuñas y sirva.

Truco de P. G.: Conviene elegir siempre feta de buena calidad: por lo general, se elabora con un 30 % de leche de cabra y un 70 % de leche de oveja. Mejor olvídese de las versiones más baratas del mercado, de dudosa elaboración.

norte de áfrica
y oriente próximo

De Turquía hasta Túnez, los *mezze* son una de las tradiciones más fascinantes de esta región: una magnífica variedad de platos pequeños, que se pueden servir de entrantes o ser la base de una comida.

1 cebolla *pelada y cortada en 4*
1 pellizco de hebras de azafrán
400 g de garbanzos cocidos (pueden ser en conserva)
75 g de *tahini* (crema de sésamo)
½ cucharadita de comino molido
1 pizca de pimienta de Cayena
2 dientes de ajo *picados*
sal marina y pimienta negra *recién molida*
2 cucharadas de aceite de oliva virgen

hummus al estilo marroquí

En mi opinión, ésta es la mejor forma de preparar *hummus*. Es una salsa magnífica, estupenda para agregarla a los sándwiches vegetarianos.

1 Coloque en un cazo pequeño la cebolla y el azafrán y vierta 2 cucharadas de agua por encima. Tape y cueza a fuego lento durante 10 minutos, hasta que la cebolla se ablande. Escúrrala en un colador y deje que se enfríe.

2 Ponga la cebolla y los demás ingredientes (excepto el aceite de oliva) en el robot de cocina y tritúrelos hasta obtener un puré cremoso. Agregue un poco de agua si resulta necesario y sazone al gusto.

3 Coloque la salsa en un cuenco para servir, rocíela con el aceite de oliva y sírvala acompañada de una gran cantidad de pan plano tostado al estilo de Oriente Próximo.

1 cucharadita de alcaravea
½ cucharadita de semillas de comino
400 g de carne de cordero *picada*
1 cebolla *picada fina*
1 diente de ajo *picado*
½ cucharadita de pimentón
2 cucharadas de menta fresca picada
6 aceitunas negras *deshuesadas y picadas finas*

para la salsa
75 g de almendras blanqueadas
1 rebanada de pan blanco *cortado en trozos pequeños*
3 cucharadas de aceite de oliva virgen
1 pellizco de hebras de azafrán
1 cucharada de *tahini* (crema de sésamo)
750 ml de caldo de pollo
2 cucharadas de aceite vegetal

koftas de cordero al estilo turco con salsa *tchina*

La salsa que se sirve con estas albóndigas picantes de cordero es sencillamente la versión africana del *tahini*.

1 Es necesario preparar las *koftas* la víspera del día en que se van a consumir.

2 Ponga una sartén pequeña a fuego alto, agregue la alcaravea y las semillas de comino y tuéstelas unos 15 segundos, hasta que desprendan su olor. Agite continuamente la sartén durante la operación para evitar que se quemen. Aplaste las semillas en un mortero hasta obtener un polvo fino.

3 Échelas a un cuenco y agregue la carne de cordero y los demás ingredientes. Mezcle bien, aunque tampoco demasiado.

4 Con las manos húmedas, divida la mezcla en bolas pequeñas de unos 2,5 cm de diámetro. Refrigérelas toda la noche, cubiertas con película de plástico.

5 Para preparar la salsa, fría las almendras y los trozos de pan en aceite de oliva hasta que se doren. Colóquelos en el robot, agregue el azafrán, el *tahini* y 185 ml de caldo de pollo y bata hasta obtener una salsa sin grumos.

6 Caliente el aceite de oliva en una cazuela refractaria. Agregue las albóndigas y tape hasta que se doren. Vierta la salsa de azafrán y el resto del caldo, lleve a ebullición y cueza a fuego muy lento durante 20 minutos, hasta que las albóndigas estén cocidas. Si resulta necesario, aumente la salsa con un poco de agua.

7 Coloque las albóndigas en una fuente y vierta la salsa por encima.

300 g de carne de ternera o de cordero
   magra
50 g de arroz *cocido*
sal marina y pimienta negra *recién molida*
1 cebolla pequeña *picada fina*
2 cucharadas de perejil *picado*
½ cucharadita de menta seca
1 cucharadita de cardamomo molido
1 cucharada de yogur natural
1 cucharadita de aceite de oliva virgen
2 huevos
un poco de harina
50 g de mantequilla

kadin budu

Estas albóndigas cocidas y fritas son sumamente populares en toda Siria. La receta, y especialmente el tipo de carne, varía según la región: hay quien prefiere cordero, mientras que otros emplean ternera.

1 Coloque en un cuenco la carne con el arroz, la sal, la pimienta, la cebolla, el perejil, la menta, el cardamomo, el yogur, el aceite de oliva y 1 huevo. Mezcle bien hasta obtener una pasta homogénea.

2 Con las manos húmedas, forme con la mezcla entre 20 y 25 bolas del tamaño de una pelota de golf y aplástelas un poco entre las palmas de las manos.

3 Coloque las albóndigas en una cazuela y cúbralas apenas con agua hirviendo. Baje el fuego y cuézalas a fuego lento durante 10 minutos. Escúrralas y espere a que se enfríen.

4 Bata el huevo restante y pase por él las albóndigas. A continuación, rebócelas con la harina. Caliente la mantequilla en una sartén, agregue las albóndigas y fríalas hasta que queden tostadas y crujientes.

75 g de hojas de espinaca frescas,
   cocidas y cortadas en trozos
1 chile rojo, *sin semillas y picado fino*
1 diente de ajo *picado*
ralladura de ½ limón
200 g de garbanzos cocidos, *aplastados
   con un tenedor*
225 g de harina de garbanzos
1 cucharadita de levadura
75 g de queso feta *rallado*
3 huevos
1 manojo de hojas de cilantro frescas
   cortadas en trozos
aceite vegetal para freír

para el *tzatziki* de remolacha
60 g de remolachas cocidas, *picadas
   o ralladas*
4 cucharadas de yogur natural
1 cucharada de menta fresca picada

fritos de espinacas y garbanzos con *tzatziki* de remolacha

Estos fritos ligeros y esponjosos son extremadamente sencillos de preparar, además de alimenticios. El *tzatziki* de remolacha les confiere un toque de elegancia.

1 Coloque todos los ingredientes de los fritos (excepto el aceite) en un cuenco. Mézclelos bien y refrigere durante 1 hora.

2 Para preparar el *tzatziki* de remolacha, mezcle los ingredientes en un cuenco y sazone al gusto.

3 Caliente el aceite en una sartén grande a 160 °C. Vierta cucharaditas de la masa de los fritos y fría hasta que se doren.

4 Escurra los fritos sobre papel absorbente y sírvalos de inmediato acompañados del *tzatziki* de remolacha.

400 g de muslos de pollo *sin piel ni huesos y cortados en trozos de 2,5 cm*

sal marina y pimienta negra recién molida

1 cucharada de pimentón

2 dientes de ajo *picados*

4 cucharadas de yogur natural

zumo de ½ limón

2 cucharadas de aceite vegetal

2 tortillas de maíz

4 cucharadas de mayonesa al ajo (*véase* **receta del alioli, pág. 59)**

½ cebolla roja pequeña *en rodajas finas*

1 tomate maduro *cortado en trozos grandes*

rollitos de *shish taouk*

Existen tantas recetas de marinadas y adobos como cocineros. Aquí presento una de mis preferidas, que se inspira en el *shish taouk* libanés, un pollo al ajo asado a la parrilla. El yogur es un ingrediente excelente para suavizar la carne, mientras que el ajo y el pimentón le añaden un toque de sabor.

1 Coloque los muslos de pollo en un cuenco y sazónelos bien con sal y pimienta. Agregue el pimentón, el ajo, el yogur y el zumo de limón y mezcle bien. Cubra con película de plástico y deje reposar en la nevera durante toda la noche.

2 Para servir, saque el pollo retirando cualquier resto de adobo. Ensarte los trozos en 4 broquetas de barbacoa.

3 Caliente una parrilla y úntela con aceite. Ase las broquetas entre 6 y 8 minutos, dándoles la vuelta de vez en cuando hasta que estén bien cocidas y comiencen a tostarse.

4 Caliente también las tortillas durante 1 minuto por cada lado.

5 Extienda sobre cada tortilla un poco de mayonesa al ajo. Agregue algo de carne en el centro y acabe con un poco de tomate y cebolla. Enrolle firmemente las tortillas para asegurar el relleno y córtelas por la mitad para servir.

Truco de P. G.: Parece que el empleo del pimentón está pasando por un período de auge. Algunos son verdaderamente excelentes. De todos ellos, el más codiciado es probablemente el húngaro, aunque el español también es bueno, en especial el pimentón picante, una auténtica delicia.

100 ml de aceite de oliva virgen
1 manojo de hojas de cilantro
zumo de 2 ½ limones
2 dientes de ajo *picados*
2 cucharadas de jarabe de arce
1 cucharadita de comino molido
½ cucharadita de cilantro molido
¼ de cucharadita de pimienta de
   Cayena molida
½ cucharadita de zumaque
12 alitas de pollo grandes
2 cucharadas de aceite vegetal

alitas de pollo al estilo libanés

Las alitas de pollo no son costosas y resultan excelentes para preparar canapés. La mayoría de los carniceros han comenzado a venderlas debido a la demanda creciente.

1 Bata en la batidora el aceite de oliva, el cilantro, el zumo de 2 limones, el ajo, el jarabe de arce, las especias y el zumaque hasta obtener una salsa homogénea. Viértala en un cuenco.

2 Haga 3 incisiones en la parte carnosa de las alitas de pollo, incorpórelas al adobo y mezcle bien. Deje adobar durante 4 horas a temperatura ambiente.

3 Precaliente una parrilla estriada. Mientras tanto, inserte las alitas en 4 broquetas de bambú o de madera y reserve el adobo. Unte el pollo con un poco de aceite vegetal y áselo a la parrilla durante 4 o 5 minutos, hasta que las alitas queden crujientes y de aspecto caramelizado. Vierta un poco de adobo sobre el pollo a medida que se va cociendo.

4 Disponga las broquetas en una fuente y rocíelas con el zumo de la mitad de limón restante.

trucha asalmonada con pimentón y *chermoula* de menta

4 filetes de trucha asalmonada de 100 g
   cada uno, con piel
sal marina
pimentón

para la *chermoula*
4 cucharadas de aceite de oliva virgen
1 pizca colmada de azafrán en polvo
   (o de cúrcuma)
1 diente de ajo *picado*
½ cucharadita de comino molido
2 cucharadas de menta fresca picada
1 cucharada de perejil
zumo de 1 limón
sal marina y pimienta negra *recién molida*

Me encantan los colores de este plato, resultan increíblemente atractivos tanto para la vista como para el paladar. Si no encuentra trucha, puede utilizar salmón.

1 Realice varios cortes sobre la piel de los filetes de trucha. Sazónelos al gusto con sal y pimentón y utilice las manos para introducir bien los condimentos en los cortes realizados. Deje marinar durante 1 hora.

2 Mientras tanto, prepare la *chermoula*. Mezcle el aceite de oliva y el azafrán, y caliéntelos a fuego lento en un cazo entre 5 y 8 minutos. Retire del fuego y deje enfriar.

3 Mezcle en un cuenco el resto de los ingredientes de la *chermoula*. Agregue el aceite con azafrán y sazone al gusto.

4 Ase el pescado a la parrilla durante 3 o 4 minutos por lado. Cúbralo con la *chermoula* y sirva.

muslos de pollo con *dukkah*

75 g de pan blanco *recién rallado*
12 muslitos de pollo pelados
1 cucharada de mostaza de Dijon
un poco de harina
2 claras de huevo *ligeramente batidas*

para la *dukkah*
25 g de almendras picadas
20 g de semillas de sésamo
15 g de semillas de cilantro
5 g de semillas de comino
sal marina y pimienta negra *recién molida*

La *dukkah* es una mezcla egipcia de especias que resulta sencillamente exquisita. ¡Cuanto más se come, más adictiva se vuelve! Se puede emplear para sazonar rebanadas de pan crujiente con aceite o para rebozar pollo, como en esta receta. Si desea servir los muslitos con algún acompañamiento, las patatas fritas a tiras son la opción más adecuada.

1 Para preparar la *dukkah*, caliente una sartén seca y agregue las almendras y las semillas. Tuéstelas durante 30 segundos sin dejar de remover. Aplástelas ligeramente con un mortero y sazone con algo de sal y pimienta. Mezcle la *dukkah* con el pan rallado.

2 Unte los muslitos de pollo con una generosa ración de mostaza. Páselos por harina, clara de huevo y, para terminar, por la mezcla de *dukkah* y pan rallado.

3 Precaliente el horno a 200 ºC.

4 Coloque los muslitos en una sola capa sobre una placa de horno y hornéelos durante 15 o 20 minutos, hasta que queden dorados y bien cocidos.

175 g de guisantes congelados

375 g de garbanzos, *remojadas en agua
fría durante toda la noche*

2 cebollas tiernas *picadas finas*

1 diente de ajo *picado*

1 cucharadita de comino molido

1 chile rojo, *sin semillas y picado fino*

2 cucharadas de menta *recién picada*

50 g de pan blanco rallado

1 huevo

sal marina y pimienta negra *recién molida*

2 cucharadas de aceite vegetal

tameyas de garbanzos y menta

Las *tameyas* son sencillamente una variante israelí de los *falafel*. Los guisantes confieren a los pastelillos un color y un toque de frescor deliciosos. Una buena opción para el acompañamiento sería una salsa de yogur espolvoreada con chile.

1 Blanquee los guisantes en agua hirviendo durante 1 minuto y escúrralos bien.

2 Escurra los garbanzos y tritúrelos en el robot con los guisantes y los demás ingredientes (excepto el aceite) hasta obtener una mezcla homogénea. Sazone al gusto.

3 Forme con la masa bolas pequeñas, del tamaño de una pelota de golf, y aplástelas ligeramente con las manos. Dispóngalas sobre una bandeja, tápelas y déjelas refrigerar durante 1 hora.

4 Cuando estén listas para servir, caliente aceite en una sartén y fría las *tameyas* 1 o 2 minutos por lado, hasta que se doren. Escúrralas sobre papel de cocina y sirva.

100 ml de aceite de oliva virgen

1 cebolla *picada fina*

1 diente de ajo *picado*

2 pechugas de pollo de 170 g cada una, *deshuesadas y picadas*

un poco de canela

½ cucharadita de azúcar

1 pizca de hebras de azafrán

60 g de pasas

50 g de pistachos pelados (opcional)

1 paquete de pasta filo (o de pasta para rollitos de primavera)

1 huevo *batido*

un poco de azúcar lustre

briouats de pollo

Estos crujientes pastelillos rellenos, que suelen tener forma triangular o cilíndrica, son una de las comidas más demandadas en los puestos ambulantes de las calles de Marruecos. La fina cobertura de azúcar lustre se debe al gusto que tienen los marroquíes por agregar un toque dulce a las recetas saladas.

1 Caliente 2 cucharadas de aceite de oliva en una sartén. Agregue la cebolla y el ajo y sofríalos hasta que se ablanden y comiencen a dorarse.

2 Agregue la carne de pollo picada, la canela, el azúcar, el azafrán, las pasas y los pistachos (opcional). Fríalo todo ligeramente para que la carne se impregne de las especias aromáticas entre 8 y 10 minutos. A continuación, deje enfriar en un cuenco.

3 Saque la pasta filo del paquete y envuélvala en un paño de cocina húmedo. Corte cada hoja en 20 cuadrados de aproximadamente 7 cm.

4 Coloque un poco de la mezcla de pollo ya fría en una esquina de la pasta y pincele los bordes con huevo batido. Doble la pasta sobre el relleno formando un triángulo y presione firmemente los bordes para cerrarlos. Pincele los pastelillos con huevo batido y déjelos reposar durante 30 minutos.

5 Caliente el resto del aceite de oliva a 160 °C en una sartén y fría los pastelillos durante 2 o 3 minutos, hasta que se doren. Retírelos del fuego y espolvoréelos al gusto con azúcar lustre.

4 **cucharadas de aceite de oliva virgen**

1 **berenjena pequeña** *cortada en dados de 5 mm*

1 **cebolla** *picada fina*

½ **cucharadita de comino molido**

sal marina y pimienta negra *recién molida*

2 **tomates maduros y firmes** *cortados en dados pequeños*

75 g **de espinacas** *cocidas y cortadas*

1 **diente de ajo** *picado*

½ **cucharadita de zumaque**

2 **cucharadas de piñones**

350 g **de pasta quebrada**

1 **poco de huevo** *batido*

50 g **de filetes de caballa frescos,** *sin espinas y cortados en tiras de 5 cm*

fatayer de caballa

Los *fatayer* son unos pastelillos libaneses que se suelen rellenar de espinacas, aunque quedan deliciosos con prácticamente cualquier relleno. La carne picada de cordero y el queso feta son una opción excelente, aunque en esta receta me he inclinado por la caballa, otra buena combinación. Los pastelillos se pueden servir con una salsa de yogur y menta o zumaque.

1 Precalentar el horno a 200 ºC.

2 Caliente 3 cucharadas de aceite de oliva en una sartén grande. Agregue los dados de berenjena y fríalos entre 8 y 10 minutos, hasta que se doren. Incorpore la cebolla y el comino y sofría otros 2 minutos más. Sazone al gusto. Coloque la mezcla en un cuenco y deje que se enfríe.

3 Caliente el resto del aceite en la sartén y agregue los tomates, las espinacas, el ajo, el zumaque y los piñones. Fría hasta obtener una textura prácticamente seca y sazone al gusto.

4 Extienda la pasta hasta que tenga 3 mm de grosor y, con ayuda de un cortapastas redondo de 7,5 cm, corte 12 círculos. Pincele los bordes con el huevo batido.

5 Coloque 1 cucharada colmada de la mezcla de berenjenas en el centro de cada círculo y corone con 1 cucharada de la mezcla de tomates y espinacas. Para terminar, cubra con un pedazo de caballa sazonada. Enrolle la masa sobre el relleno y ciérrela presionando suavemente los dos extremos con los dedos índice y pulgar.

6 Disponga los *fatayer* sobre una placa de horno y pincele la superficie con huevo batido. Hornéelos entre 15 y 20 minutos, hasta que se doren.

Truco de P. G.: El zumaque es una baya roja con sabor a cítrico que, secado y molido, se suele utilizar tanto en ensaladas como para sazonar carnes y pescados. Se emplea en Líbano, Siria e Israel, y es posible adquirirlo en establecimientos especializados en alimentos de Oriente Próximo.

500 g de pulpitos *limpios*
4 cucharadas de aceite de oliva virgen

para el *zhoug*
½ cebolla pequeña *picada*
2 dientes de ajo *picados*
1 cucharadita de azúcar
1 manojo pequeño de cilantro fresco
½ cucharadita de semillas de cilantro
½ cucharadita de semillas de comino
3 chiles verdes, *sin semillas y picados*
200 ml de aceite de oliva virgen

pulpitos a la plancha con *zhoug* verde

Los pulpitos se pueden encontrar en cualquier pescadería de calidad, y también congelados. En el caso de no encontrarlos, es posible utilizar calamares cortados en trozos grandes.

1 Prepare el *zhoug*. Para ello, coloque la cebolla, el ajo, el azúcar y el cilantro fresco en el robot y tritúrelos ligeramente.

2 En una sartén seca, tueste las semillas de cilantro y de comino con los chiles picados durante 1 minuto. Agregue la mezcla al robot y triture de nuevo. Incorpore poco a poco el aceite de oliva hasta obtener una salsa espesa para la guarnición.

3 Coloque los pulpitos en una fuente y vierta por encima el aceite de oliva y el *zhoug*. Mezcle bien, cubra y refrigere durante 2 horas.

4 Para servir, saque los pulpitos de la marinada y póngalos sobre una plancha precalentada. Cuézalos, dándoles la vuelta y agregando un poco de marinada de vez en cuando durante 6 u 8 minutos, o hasta que estén cocidos.

para la carne de cerdo

400 g de solomillo de cerdo *cortado en dados grandes*

2 cucharadas de aceite de oliva virgen

2 cucharadas de vinagre de vino blanco

1 diente de ajo *picado*

1 cucharadita de semillas de comino

1 cucharadita de pimentón

para la *muhammara*

3 pimientos rojos asados, *pelados y sin semillas*

¼ de cucharadita de chile rojo en polvo

75 g de nueces picadas

2 cucharadas de *dibs rumen* (melaza de granada)

½ cucharadita de comino molido

2 cucharadas de aceite de oliva (y algo más para rociar)

1 poco de azúcar

1 poco de sal marina

½ cucharadita de zumo de limón

pimentón

broquetas de cerdo con comino y *muhammara*

La *muhammara* es una pasta de especias tradicional originaria de Yemen y similar a la *harissa* tunecina. Si estaba buscando una salsa con especias, aquí la tiene. El chile aporta un toque verdaderamente intenso, mientras que los pimientos asados y la melaza le dan una dulzura algo picante.

1 Deje adobar durante toda la noche los dados de carne de cerdo en una mezcla de aceite, vinagre, ajo, semillas de comino y pimentón.

2 Para preparar la *muhammara*, bata con la batidora los pimientos, el chile en polvo, las nueces, la melaza y el comino hasta obtener una salsa sin grumos y cremosa. Colóquela en un cuenco; incorpore el aceite de oliva, el azúcar y la sal y agregue zumo de limón al gusto.

3 Inserte los dados de cerdo en 4 broquetas de madera o de bambú puestas en remojo con anterioridad. Áselas a la parrilla caliente durante 4 o 5 minutos, hasta que queden doradas y bien hechas.

4 Vierta la *muhammara* en un plato de servir; rocíela con un poco de aceite de oliva y espolvoree con pimentón. Disponga las broquetas sobre la *muhammara* y sirva.

Truco de P. G.: La melaza de granada (*dibs rumen*) es un delicioso jarabe que se suele emplear en la cocina de Oriente Próximo. Es excelente para acompañar estofados de carne, y también se utiliza para darles un toque ácido a otros guisos. Merece la pena indagar hasta dar con un establecimiento donde se venda.

175 g de burgul (trigo partido)
1 lata de garbanzos de 400 g *escurridos*
3 cebollas tiernas *picadas finas*
3 cucharadas de menta picada
2 cucharadas de perejil de hoja plana
   picado
zumo de 2 limones
100 ml de aceite de oliva virgen
½ cucharadita de canela molida
sal marina y pimienta negra *recién molida*
1 cogollo de lechuga, para servir

saffi

Esta ensalada de trigo libanesa es otra versión del tradicional *tabulé*. Para darle un toque más original, agregue gambas cocidas o algún otro marisco a la ensalada ya preparada.

1 Coloque el bulgur en un cuenco grande y añada agua fría hasta cubrirlo. Resérvelo durante 15 minutos y escúrralo bien, presionando los granos con las manos para extraer la mayor cantidad de agua posible. Vuelva a colocar el bulgur en el cuenco.

2 Agregue los garbanzos y los demás ingredientes (excepto la lechuga), sazone al gusto y mezcle bien.

3 Sirva en las hojas de cogollo de lechuga, que pueden emplearse como cucharas improvisadas en las que se colocará algo de *saffi*.

400 g de solomillo de cerdo *cortado*
   en dados de 2,5 cm
100 ml de aceite de oliva virgen
1 cebolla pequeña *picada fina*
1 diente de ajo *picado*
1 cucharada de menta picada
   (y algo más para servir)
1 cucharada de pimentón
½ cucharadita de comino molido
zumo de 1 limón
pan de pueblo para servir

para la salsa
125 ml de yogur natural
¼ de cucharadita de canela molida
¼ de cucharadita de comino molido
¼ de cucharadita de jengibre molido
sal marina y pimienta negra *recién molida*

kebabs árabes con salsa de especias

Los kebabs fueron introducidos en Europa por los árabes del norte de África. Originalmente se preparaban a base de cordero, pero hoy en día en Europa se suele emplear la carne de cerdo en su lugar.

1 Mezcle en un cuenco la carne y el resto de los ingredientes. Cubra con película de plástico y deje adobar toda la noche. Remueva la mezcla de tanto en tanto.

2 Cuando esté listo para servir, inserte los dados de cerdo en 8 broquetas de madera o de bambú puestas en remojo con anterioridad. Disponga los kebabs sobre una parrilla y áselos dándoles la vuelta regularmente, hasta que se doren y estén bien cocidos.

3 Mientras tanto, mezcle los ingredientes para la salsa y sazone al gusto.

4 Espolvoree los kebabs con la menta restante. Sírvalos acompañados de la salsa y de grandes rebanadas de pan de pueblo.

4 cucharadas de aceite de oliva virgen

4 codornices grandes deshuesadas
y peladas

25 g de mantequilla sin sal (y algo más
para la pasta)

1 cebolla *picada fina*

1 cucharadita de cardamomo molido

1 pizca colmada de hebras de azafrán

1 cucharadita de canela molida

50 g de nueces molidas

1 cucharada de cilantro picado

1 cucharada de perejil picado

8 hojas de pasta filo

para la salsa

1 cucharada de aceite de oliva

1 cucharada de zumo de limón

1 cucharada de miel líquida

1 remolacha cocida, *pelada y cortada
en dados de 1 cm*

1 naranja *pelada y cortada en dados
de 1 cm*

6 aceitunas verdes *deshuesadas
y cortadas en dados*

2 cucharadas de cilantro fresco picado

baklava de codorniz con salsa de remolacha, aceitunas y naranja

No se equivoca, los *baklava* son unos dulces tradicionales de Oriente Próximo preparados a base de miel, nueces y pasta filo. Sin embargo, siguiendo mi propio estilo, he creado una versión salada con codornices. Espero que le guste.

1 Caliente la mitad del aceite de oliva en una sartén antiadherente. Cuando esté bien caliente, agregue las codornices; fríalas hasta que se doren y retírelas del fuego.

2 Agregue la mantequilla a la sartén junto con la cebolla, el cardamomo, el azafrán, la canela y las nueces, y sofría a fuego bajo. Incorpore las codornices y mézclelas bien con los condimentos. A continuación, cubra con una tapadera y cueza a fuego lento 5 o 6 minutos más. Retire del fuego y coloque las codornices en un plato para que se enfríen.

3 Para preparar los *baklava*, pincele las hojas de pasta filo con la mantequilla derretida y colóquelas una sobre otra. Una vez que haya apilado todas las hojas, corte la pasta por la mitad vertical y horizontalmente para obtener 4 cuadrados.

4 Coloque 1 codorniz y un poco de relleno en el centro de cada cuadrado. A continuación, recoja los cuatro extremos de la masa sobre el relleno y presione firmemente para cerrar bien los pastelillos. Deles la vuelta y colóquelos sobre una fuente. Prepare los otros 3 del mismo modo y refrigérelos durante 30 minutos.

5 Prepare la salsa mientras tanto. Basta con mezclar todos los ingredientes en un cuenco y dejarlos macerar durante 30 minutos.

6 Cuando esté listo para servir, caliente el resto del aceite en una sartén antiadherente, agregue los *baklavas* y fríalos a fuego medio durante 3 o 4 minutos por lado, hasta que queden dorados y crujientes.

225 g de patatas nuevas *cocidas*
  y peladas
125 g de queso feta *desmenuzado*
2 cucharadas de menta picada
sal marina y pimienta negra *recién molida*
6 hojas de pasta filo
3 cucharadas de aceite de oliva virgen

tiropitas de patata, feta y menta

Una de las ventajas de estos suculentos pastelillos es que se pueden congelar (crudos) hasta un mes. Es posible sustituir las patatas por berenjenas o pimientos, ¡quedarán igual de deliciosos!

1 Precaliente el horno a 220 °C.

2 Caliente las patatas peladas en una sartén seca a fuego bajo. Aplástelas, retírelas de la sartén y déjelas enfriar.

3 Agregue el queso feta desmenuzado y la menta y sazone al gusto.

4 Mientras prepara las *tiropitas* conviene cubrir la pasta filo con un paño de cocina húmedo. Pincele cada hoja de pasta filo con un poco de aceite de oliva y córtelas en 3 tiras longitudinales.

5 Coloque 1 cucharada de relleno en un extremo de cada tira. Doble la esquina de la tira sobre el relleno, de modo que el extremo superior quede sobre el ángulo derecho. Tome el otro extremo de la tira y dóblelo hacia abajo de modo que recubra el relleno. Siga doblando la tira hasta formar un pastelillo triangular. Repita la operación con las demás tiras, y las demás hojas de pasta.

6 Coloque las *tiropitas* sobre una placa de horno y pincélelas con el aceite restante.

7 Hornéelas entre 18 y 20 minutos, hasta que queden doradas y crujientes. Sírvalas calientes.

4 cucharadas de aceite de oliva virgen
8 sardinas frescas de tamaño medio, *limpias, vaciadas, abiertas y sin la cabeza*
sal marina gruesa
4 dientes de ajo *picados*
1 pizca de hebras de azafrán
1 cucharada de pimentón
2 hojas de laurel
12 aceitunas negras *deshuesadas*
2 guindillas libanesas encurtidas **(o 1 chile verde o rojo pequeño picado),** *cortados en tiras finas*
1 pizca de azúcar
75 ml de vinagre de vino blanco

sardinas con guindillas y aceitunas

En mi variante del escabeche español, utilizo chiles libaneses encurtidos y azafrán como ingredientes principales. La siguiente receta se puede preparar con cualquier tipo de pescado azul (salmonete, caballa...).

1 En primer lugar, prepare las sardinas para marinar. Desde el extremo de la cabeza, enrolle firmemente las sardinas y asegure los rollos introduciendo un palillo de cóctel a través de la cola.

2 Caliente el aceite de oliva en una sartén antiadherente. Sazone las sardinas con sal marina y fríalas por ambos lados durante 2 o 3 minutos. Colóquelas a continuación en una fuente no muy honda.

3 Filtre el aceite utilizado para freír las sardinas y limpie la sartén. Vuelva a verter el aceite en la sartén; agregue el ajo, el azafrán y el pimentón y cueza a fuego lento durante 1 minuto. Añada las hojas de laurel, las aceitunas, los chiles, el azúcar, el vinagre de vino blanco y 100 ml de agua. Cueza a fuego lento durante 2 minutos.

4 Vierta el caldo sobre las sardinas y déjelas marinar durante 3 o 4 horas, para que el pescado se impregne de todos los sabores.

5 Sirva a temperatura ambiente.

---

350 g de filetes de caballa *sin piel y cortados en trozos grandes*
¼ de cucharada de cúrcuma molida
½ cucharadita de comino molido
½ cucharadita de cilantro molido
2,5 cm de jengibre *pelado y rallado fino*
1 cucharadita de *harissa*
4 cucharadas de aceite de oliva virgen
300 g de patatas frías, *picadas*
sal marina y pimienta negra *recién molida*

para el rebozado
un poco de harina
1 huevo *batido*
50 g de pan blanco *recién rallado*
25 g de cuscús

para la salsa
100 ml de mayonesa
1 cucharadita de *harissa*
1 cucharadita de jengibre rallado

pastelillos de pescado tunecinos

El rebozado de cuscús de estos pastelillos les da una interesantísima textura.

1 Coloque la caballa en una fuente no muy honda. Agregue las especias, el jengibre, la *harissa* y la mitad del aceite de oliva. Mezcle bien para que el pescado se impregne de los demás ingredientes. A continuación, cubra con película de plástico y deje reposar en el frigorífico durante 4 horas.

2 Mezcle los ingredientes de la salsa en un cuenco pequeño y refrigere.

3 Retire el pescado de la marinada y póngalo en una sartén antiadherente de tamaño medio. Agregue 100 ml de agua, cubra y cueza durante 3 o 4 minutos a fuego bajo, hasta que quede tierno. Sáquelo de la sartén y retire el exceso de líquido. Deje que se enfríe y desmenúcelo en un cuenco.

4 Cuando el pescado se haya enfriado por completo, agregue las patatas y mezcle bien. Sazone al gusto. Divida la mezcla en 8 porciones y forme con ellas 8 bolas.

5 Páselas por harina, huevo batido y por la mezcla de pan rallado y cuscús. Aplástelas ligeramente y fríalas en el aceite de oliva restante hasta que queden doradas y crujientes. Déjelas escurrir sobre papel de cocina y sírvalas con la salsa.

200 ml de yogur natural

3 cebolletas *picadas finas*

2 chiles verdes pequeños, *sin semillas y picados fino*

1 cucharada de vinagre de vino blanco

2 dientes de ajo *picados*

sal marina

1 granada *cortada por la mitad con las pepitas reservadas*

2 cucharadas de eneldo *recién picado*

2 cucharadas de menta

un poco de aceite de oliva virgen

labna con chile verde y granada

La *labna* es una salsa deliciosa y refrescante que se prepara a base de yogur filtrado. Es sumamente popular en Oriente Próximo. Esta receta tiene un sabor magnífico, vistosos colores y puede consumirse fría o a temperatura ambiente. Además, es una salsa ideal para tomar con el pan ácimo de estilo oriental.

1 Mezcle en un cuenco el yogur, las cebolletas, los chiles, el vinagre y el ajo. Sazone con sal.

2 Coloque en un cuenco de servir y agregue la granada, el eneldo y la menta. Rocíe con el aceite de oliva y sirva acompañado de algún tipo de pan oriental, como pitta o *lavosh*.

Truco de P. G.: Es muy sencillo preparar los panes de Oriente Próximo en casa, pero también se encuentran fácilmente en cualquier establecimiento. Los panes tipo *khubz* y *lavosh* son una buena opción para cambiar las omnipresentes pittas. Además, con ellos se pueden preparar rollitos rellenos de una gran variedad de ingredientes.

400 g de muslos de pollos, *pelados
y deshuesados*
8 hojas de laurel
8 aceitunas verdes gordas y deshuesadas
2 cucharadas de aceite de oliva virgen
30 g de limón en conserva, *pelado
y picado fino*
2 cucharadas de cilantro *recién picado*

para el adobo
1 diente de ajo *picado*
3 cucharadas de aceite de oliva virgen
½ cucharadita de cardamomo molido
¼ de cucharadita de canela molida
2,5 cm de jengibre *pelado y rallado*

broquetas de pollo persas

Los limones en conserva, que se utilizan profusamente en la cocina del norte de África, se pueden encontrar en los establecimientos de alimentación especializados. Le añaden un sabor inconfundible, ácido y salado, a esta receta de broquetas de pollo adobadas.

1 Mezcle los ingredientes del adobo en un cuenco. Agregue los muslos de pollo, cúbralos y refrigere toda la noche. Al día siguiente, corte el pollo en trozos.

2 Cuando esté listo para servir, extienda un poco de aceite sobre una parrilla acanalada y caliéntela. Coloque encima los trozos de pollo y áselos unos 5 minutos, hasta que queden tiernos. Retírelos del fuego y manténgalos calientes.

3 Con la parrilla todavía caliente, ase las hojas de laurel y las aceitunas (éstas sólo ligeramente). Una vez que todos los ingredientes estén listos, insértelos en 8 broquetas de madera siguiendo el orden: pollo, laurel, aceituna.

4 Disponga las broquetas en una fuente. Mezcle los limones en conserva y el cilantro y espolvoree la mezcla sobre las broquetas antes de servir.

la ruta de las especias

A lo largo de la ruta de las especias, que recorre la India, Tailandia, Malasia e Indonesia, los pequeños bocados se impregnan de tentadores aromas y sabores: jengibre, cilantro, hierba limonera, cúrcuma, chile...

Recipientes con especias de la India

300 g de gambas gordas crudas, *limpias
y peladas*

½ cucharadita de jengibre fresco *rallado*

⅛ de cucharada de chile en polvo

⅛ de cucharada de cúrcuma

⅛ de cucharada de *chaat masala*

½ cucharada de curry suave en polvo

1 clara de huevo

1 cucharada de harina de garbanzos
(*gram*)

sal marina y pimienta negra *recién molida*

4 rebanadas gruesas de pan blanco *sin
corteza*

para el sambal

2 tomates pera maduros *picados*

½ cebolla roja *picada*

2 cucharadas de cilantro picado

zumo de 2 limas

1 cucharadita de semillas de comino,
tostadas y picadas

1 patata grande para asar
(aproximadamente 350 g)

100 g de maíz enlatado, *bien escurrido*

2 cucharadas de harina de garbanzos
(*gram*)

3 cucharadas de aceite vegetal

2 chiles verdes, *sin semillas y picados
finos*

2 cebollas tiernas *picadas finas*

½ cucharadita de comino molido

½ cucharadita de cilantro molido

2 cucharadas de cilantro picado

sal marina y pimienta negra *recién molida*

tostadas de gambas al curry con sambal
de tomate

Esta receta, que le da un toque innovador a las eternas tostadas de gambas propuestas en los restaurantes chinos, tiene además un innegable sabor a la India.

1 Para preparar el sambal, mezcle todos los ingredientes en un cuenco y reserve durante 1 hora, para que se fusionen bien los sabores.

2 Coloque las gambas, el jengibre, las especias y la clara de huevo en un robot y tritúrelos hasta obtener una pasta. Viértala en un cuenco, mezcle con la harina de garbanzos y sazone al gusto.

3 Reparta la pasta de gambas sobre las rebanadas de pan.

4 Caliente el aceite a 160 °C en una sartén. Fría las tostadas con la cara de la pasta hacia abajo durante 20 segundos, hasta que queden doradas y crujientes. A continuación, deles la vuelta para que se tuesten por el otro lado. Déjelas escurrir sobre papel de cocina.

5 Corte las tostadas en 4 y sírvalas acompañadas del sambal.

aloo tikki de maíz

Uno de los elementos más deliciosos de la gastronomía india son sus reconfortantes puestos de comida callejeros, que inundan los rincones de todas las ciudades. Estos pastelillos de patata son una de estas delicadezas de la comida ambulante. Resultan deliciosos si se sirven acompañados de *chutney* de tamarindo.

1 Precaliente el horno a 180 °C.

2 Coloque la patata sobre una placa de horno y ásela durante 1 hora y 15 minutos. Cuando esté lista, sáquela del horno y déjela enfriar.

3 Pélela, colóquela en un cuenco y aplástela ligeramente. Mezcle con el maíz y la harina de garbanzos.

4 Caliente 1 cucharada de aceite en una sartén pequeña. Incorpore los chiles, las cebolletas y las especias y sofría durante 30 segundos. Agregue esta mezcla a la patata y mezcle bien. Añada a continuación el cilantro picado y sazone con sal y pimienta.

5 Divida la mezcla de patata en varias bolas del mismo tamaño y aplástelas ligeramente. Caliente el resto del aceite en una sartén, agregue los pastelillos y fríalos hasta que queden dorados y crujientes.

1 cucharadita de comino molido
1 cucharadita de semillas de cilantro
machacadas
½ cucharadita de sal de ajo
1 cucharada de pimentón
1 cucharadita de chile rojo en polvo
1 cucharadita de jengibre molido
2 cucharaditas de sal marina
4 filetes de salmón de 120 g, *sin piel*
ni espinas
aceite vegetal
rodajas de lima para servir

salmón con especias a la bengalí

El modo de preparación de este pescado consiste en rebozarlo en especias y, a continuación, dorarlo rápidamente a fuego muy vivo. Esta práctica suele emplearse en la gastronomía cajún. Aquí presento mi variación, en la que he fusionado la receta con la influencia oriental. Para una buena presentación, coloque el salmón sobre una hoja de banano. Queda delicioso acompañado de una salsa de yogur y menta o tamarindo.

1 Mezcle todas las especias y la sal y, a continuación, frote con ellas las dos caras de los pedazos de salmón. Coloque el pescado en una bandeja, cúbralo y déjelo reposar a temperatura ambiente durante 30 minutos.

2 Cuando esté listo para servir, caliente una sartén a fuego alto. Agregue un poco de aceite y dore los filetes durante 2 minutos, sin moverlos. Deles la vuelta, tape y cuézalos durante 2 minutos más. El exterior del pescado debe quedar bien tostado, mientras que el interior debe quedar algo crudo.

3 Sirva acompañado de las rodajas de lima.

275 g de filetes de pescado blanco
(lenguado, abadejo, fletán...)
50 g de harina de garbanzos (*gram***)**
1 cebolla roja *picada fina*
2 cebollas tiernas *picadas finas*
2 chiles verdes, *sin semillas y picados*
finos
1 cucharada de cilantro picado
1 cucharadita de comino molido
1 pizca de bicarbonato sódico
sal marina y pimienta negra *recién molida*
aceite vegetal para freír

pakoras de pescado

Las *pakoras* son unos sencillos pastelillos indios, a base de trozos de pescado, carne o verduras y una masa de harina de garbanzos, que se fríen hasta quedar crujientes.

1 Corte el pescado en trozos grandes y colóquelo en un cuenco. Agregue la harina y el agua suficiente para obtener una masa espesa que servirá para rebozar el pescado. Añada a continuación los demás ingredientes, excepto el aceite.

3 Caliente en una sartén el aceite a 160 °C. Con ayuda de una cuchara, vierta por tandas cucharadas de la masa en el aceite caliente. Fríalas durante 3 o 4 minutos, o hasta que queden doradas y crujientes. Déjelas escurrir sobre papel absorbente.

1 **chile rojo grande** *picado fino*

2 **dientes de ajo** *picados*

75 g **de anacardos** *picados*

1 **cucharada de aceite de sésamo**

2 **cucharadas de hojas de cilantro**
   picadas

2 **cucharadas de kétchup**

½ **cucharadita de azúcar**

475 g **de filetes de pez espada**
   sin espinas

zumo de 2 limas

sal marina

2 **hojas de banano**

un poco de aceite para untar

pastelillos de sambal de pescado picante

Si lo desea, para preparar esta receta es posible sustituir el pez espada por atún. En cualquier caso, conviene servirlo en una hoja de banano, pues es una presentación espectacular.

1 Coloque el chile, el ajo, las nueces y el aceite de sésamo en un mortero o una batidora y machaque o bata hasta obtener una mezcla irregular. Coloque la mezcla en un cuenco, agregue el cilantro, el kétchup y el azúcar, y mezcle bien.

2 Corte el pez espada en cuatro trozos del mismo tamaño y colóquelos en un plato. Rocíelos con el zumo de lima, sazónelos con sal, cúbralos y déjelos marinar a temperatura ambiente durante 30 minutos.

3 Retire el pez espada de la marinada, séquelo bien y frótelo con la pasta de especias por ambas caras.

4 Remoje las hojas de banano en agua muy caliente hasta que queden flexibles, unos 30 segundos aproximadamente. Séquelas y úntelas con un poco de aceite. Coloque 1 trozo de pescado en el centro de cada hoja y doble los extremos para formar pequeños paquetes. Ciérrelos con un cordel de rafia o de cocina, un palillo de cóctel o incluso una broqueta.

5 Cueza los paquetes de pescado al vapor sobre agua hirviendo, tapados, entre 8 y 10 minutos, o hasta que estén bien cocidos.

2 **cucharadas de aceite vegetal**

1 **cebolla pequeña** *picada fina*

¼ **de cucharadita de cúrcuma molida**

1 **cucharada de curry**

¼ **de cucharadita de chile en polvo**

225 g **de carne de cordero** *picada*

sal marina y pimienta negra *recién molida*

1 **cucharada de menta picada**

40 g **de queso cheddar maduro**

1 **huevo** *batido*

4 **panes** *naan*

naans rellenos

Estos panes naan, rellenos de una mezcla picante de carne de cordero y queso, son muy sencillos de elaborar y todavía más de sacar de su envoltorio una vez horneados.

1 Precalentar el horno a 180 °C.

2 Caliente el aceite en una sartén grande. Cuando esté caliente, añada la cebolla y las especias y sofría durante 2 o 3 minutos para que se fusionen los sabores.

3 Agregue la carne de cordero picada y fríala hasta que comience a dorarse y adquiera una textura seca. Retire del fuego y deje que se enfríe.

4 Sazone la carne al gusto, agregue la menta y el queso e incorpore el huevo a continuación. Reparta la mezcla sobre 2 de los panes *naan* y cúbralos con los otros 2, presionando bien los bordes para cerrarlos.

5 Envuelva firmemente los panes rellenos en papel de aluminio y dispógalos sobre una placa de horno y hornéelos durante 10 o 12 minutos.

6 Espere a que los panes se enfríen ligeramente antes de servirlos, cortados en tiras.

350 g de puré de patatas

2 cucharadas de hojas de cilantro
   picadas

1 cucharada de hojas de menta picadas

1 chile rojo *sin semillas y picado fino*

1 diente de ajo *picado*

100 g de queso *paneer* o Villalón *rallado
   grueso*

sal marina y pimienta negra *recién molida*

zumo de ½ limón

60 g de harina de garbanzos (*gram*)

1 pizca de levadura

1 pizca de chile en polvo

aceite vegetal para freír

bonda de patata

Este clásico de la gastronomía india, a base de patatas, es muy sencillo de preparar y está exquisito. El queso *paneer*, un requesón indio, se puede encontrar en las tiendas de alimentación indias.

1   Mezcle en un cuenco las patatas con las hierbas, el chile, el ajo y el queso *paneer* rallado. Agregue el zumo de limón y salpimente. Forme con las manos pequeñas bolas del tamaño de una nuez con la masa.

2   Mezcle la harina de garbanzos y la levadura en un cuenco y sazone con la sal y el chile. Agregue agua hasta obtener una masa espesa.

3   Caliente el aceite vegetal en una sartén a 160 ºC.

4   Pase las bolas de patata por la masa hasta que queden totalmente cubiertas y échelas en el aceite caliente. Fríalas durante 1 o 2 minutos, hasta que se doren.

5   Déjelas escurrir sobre papel de cocina.

Truco de P. G.: Para acompañar esta receta, nada mejor que una salsa de yogur y menta con un toque dulce de miel.

250 g de carne de ternera *picada*

150 g de carne de cordero *picada*

1 cebolla pequeña *picada fina*

1 diente de ajo *picado*

½ cucharadita de jengibre molido

½ cucharadita de comino molido

1 cucharadita de cardamomo molido

50 g de dátiles deshuesados *picados*

2 cucharadas de menta picada

sal marina y pimienta negra *recién molida*

2 huevos

3 cucharadas de agua de rosas

2 cucharadas de aceite vegetal

albóndigas con dátiles y agua de rosas

El agua de rosas es un ingrediente habitual en la cocina del sur de Asia, especialmente en los platos dulces. Tiene un sabor y un perfume muy característicos, que dan a estas albóndigas un toque exótico y diferente.

1   Mezcle en un cuenco grande los 2 tipos de carne picada, la cebolla, el ajo, las especias, los dátiles y la menta. Salpimiente.

2   Mezcle bien, incorpore los huevos y siga trabajando la masa hasta que éstos queden totalmente integrados. Agregue el agua de rosas y deje reposar durante 30 minutos a temperatura ambiente.

3   Con las manos húmedas, forme pequeñas albóndigas y aplástelas ligeramente.

4   Caliente el aceite en una sartén y fría las albóndigas durante 3 o 4 minutos, dándoles la vuelta una vez.

1 **diente de ajo** *picado*

1 **chile rojo** *picado fino*

2 **cm de jengibre pelado y rallado**

1 **escalonia** *picada fina*

600 **g de almejas de tamaño medio**

zumo de 1 lima

2 **cucharadas de nam pla (salsa de**
   pescado tailandesa)

20 **g de mantequilla,** *fría y en dados*
   pequeños

2 **cucharadas de cilantro** *cortado*
   en trozos grandes

almejas a la tailandesa

Las almejas son deliciosas, pero se pueden sustituir por mejillones.

1 Ponga el ajo, el chile, el jengibre y la escalonia en una cacerola amplia y coloque encima las almejas. Vierta 150 ml de agua, cubra con una tapadera bien ajustada y lleve rápidamente a ebullición.

2 Cueza durante 2 minutos, agitando regularmente la cacerola, hasta que las almejas se abran. Retire aquellas que no se hayan abierto.

3 Añada el zumo de limón, la salsa de pescado y la mantequilla y remueva a fondo para que se mezclen todos los ingredientes. Póngalo todo en una fuente, incluidos los fondos de cocción, y espolvoree con el cilantro.

1 **cucharada de aceite vegetal**

½ **cebolla** *picada fina*

2,5 **cm de jengibre** *pelado y rallado*

75 **g de patatas cocidas,** *peladas*
   y cortadas en dados pequeños

1 **pizca de cúrcuma**

¼ **de cucharadita de chile en polvo**

2 **cucharaditas de curry suave en polvo**

300 **g de pechuga de pollo,** *deshuesada*
   y pelada

sal marina y pimienta negra *recién molida*

1 **pizca de azúcar**

350 **g de pasta quebrada**

pastelillos de pollo

Creé estos pastelillos por casualidad, cuando un invitado asiático me pidió que preparara un canapé con pollo picante. Hoy, siguen apareciendo en mi carta de aperitivos.

1 Caliente el aceite en una sartén antiadherente. Agregue la cebolla y el jengibre y sofría hasta que la cebolla comience a adquirir un tono dorado claro. Incorpore las patatas, la cúrcuma, el chile en polvo y el curry, y sofría 1 minuto más.

2 Corte el pollo en dados pequeños e incorpórelo a la sartén junto con 4 cucharadas de agua. Cubra con una tapadera y cueza entre 6 y 8 minutos, hasta que el pollo esté cocido y se haya evaporado la mayor parte del agua. Agregue sal, pimienta y un poco de azúcar. Retire del fuego y deje enfriar.

3 Extienda la pasta hasta que tenga un grosor de unos 3 mm. Con ayuda de un cortapastas redondo, corte círculos de 7,5 cm.

4 Divida el relleno de pollo sobre los círculos y, a continuación, doble la masa por encima para que los pastelillos tengan forma de media luna. Presione los bordes para cerrar bien. Deje reposar en el frigorífico durante 30 minutos.

5 Los pastelillos se pueden hornear durante 20 o 25 minutos a 160 °C, o freír hasta que queden dorados y crujientes. Sírvalos calientes.

100 g de pan blanco *recién rallado*

3 cucharadas de cilantro *recién picado*

50 g de coco rallado sin edulcorar

8 tallos de hierba limonera fresca

425 g de filetes de pescado blanco
(bacalao, fletán...) *sin escamas ni piel*

1 chile rojo pequeño, *sin semillas y picado fino*

2 cucharadas de salsa de soja ligera

2 cebolletas tiernas *picadas finas*

3 huevos

2 cucharaditas de maicena

ralladura de 1 lima

un poco de harina para el rebozado

4 cucharadas de aceite vegetal para freír

para la mayonesa

3 cucharadas de mayonesa

1 chorrito de zumo de lima (para aliñar al gusto)

1 chorro de aceite de chile

5 mm de jengibre *pelado y rallado*

broquetas de pescado y hierba limonera con mayonesa de lima

En esta receta, la hierba limonera no se utiliza sólo como broqueta, sino que también le da un sabor especial al plato. La mejor guarnición para estos pastelillos de pescado es: una mayonesa con toques asiáticos y una ensalada muy fresca.

1 Mezcle en un cuenco el pan rallado, el cilantro y el coco y reserve.

2 Limpie los tallos de hierba limonera y retíreles la parte exterior, más dura. Pique muy finos 2 tallos y reserve los otros 4.

3 Corte los filetes de pescado en trozos grandes y colóquelos en una batidora. Agregue la hierba limonera picada, el chile, la salsa de soja, las cebollas y 2 de los huevos. Bata los ingredientes durante 20 o 30 segundos, hasta obtener una pasta homogénea.

4 Vierta la pasta de pescado en un cuenco. Incorpore la maicena y la ralladura de limón y divídala en 12 bolas del mismo tamaño. Forme con las bolas pequeños pastelillos planos y páselos por harina, el último huevo (batido) y, para terminar, por la mezcla de coco, cilantro y pan rallado.

5 Ensarte cuidadosamente 2 pastelillos en los tallos de hierba limonera restantes. Puede resultar necesario darles forma de nuevo para asegurarlos bien. Caliente el aceite en una sartén grande, agregue las broquetas y fríalas 2 minutos por lado, hasta que queden doradas y crujientes.

6 Deje escurrir las broquetas sobre papel absorbente y sírvalas con la mayonesa. Ésta se prepara sencillamente mezclando todos los ingredientes.

400 g de filetes firmes de pescado
blanco (rape, lenguado, fletán...)

aceite vegetal para freír

4 hojas de lima kaffir *cortadas en tiras*

3 cebollas tiernas *cortadas en tiras muy finas*

para la salsa:

2 cucharadas de pasta de curry rojo

125 ml de leche de coco

1 cucharadita de *nam pla* (salsa de pescado tailandesa)

1 cucharadita de azúcar blanquilla

1 cucharadita de pasta de gambas secas

pescado crujiente con curry rojo

En Tailandia, esta receta se prepara con un pescado local llamado *pla chron*, similar a la caballa. Personalmente, prefiero utilizar pescado blanco de textura más firme.

1 Prepare la salsa en primer lugar. Mezcle la pasta de curry con la leche de coco, vierta en una sartén y caliente a fuego lento durante 4 o 5 minutos, hasta obtener una salsa espesa.

2 Agregue la salsa de pescado, el azúcar y la pasta de gambas. Caliente y reserve.

3 Corte el pescado en trozos del tamaño de un bocado y fríalos en aceite caliente hasta que queden dorados y crujientes. Déjelos escurrir sobre papel de cocina.

4 Coloque el pescado crujiente en un plato, vierta por encima el curry rojo y acompañe con las hojas de lima y las cebollas cortadas en tiras.

2 escalonias *peladas*
4 dientes de ajo *pelados*
2,5 cm de jengibre *pelado y rallado*
2 chiles verdes *sin semillas*
**1 cucharadita de polvo de cinco
    especias chino**
2 cucharadas de salsa china *hoisin*
1 cucharada de aceite de sésamo
400 g de muslos de pollo, *deshuesados
    y pelados*
8 hojas de pándano, *lavadas y secas*
aceite vegetal para freír

pollo dulce en hojas de pándano

Los pándanos están muy extendidos en Tailandia, donde se les conoce como *pandan*. Fuera del país, se encuentran en las floristerías especializadas. Cuando se utilizan para envolver pollo o pescado, desprenden un sabor deliciosamente exótico y natural durante la cocción.

1 Machaque en un mortero las escalonias, el ajo, el jengibre y los chiles hasta obtener una pasta gruesa. Agregue el polvo de cinco especias, la salsa *hoisin* y el aceite de sésamo y mezcle bien.
2 Vierta la mezcla en un cuenco, agregue los muslos de pollo y frótelos con ella para que se impregnen bien. Deje adobar durante 4 horas.
3 Envuelva los muslos de pollo en hojas de pándano como si se estuviese embalando un paquete y asegúrelos con un palillo.
4 Caliente el aceite vegetal a 160 ºC. Sumerja los paquetes en el aceite caliente y fríalos durante 5 o 6 minutos.
5 Sirva cada paquete en un plato individual, para que cada comensal pueda abrirlo.

8 chuletas pequeñas de cordero
2 chiles verdes
2 dientes de ajo *picados*
2 cm de jengibre *pelado y rallado*
1 manojo de hojas de cilantro
1 cucharadita de yogur natural
zumo de 1 limón
sal marina

chuletas de cordero con *masala* verde

La pasta de *masala* verde que se emplea en esta receta es una base excelente para los platos de pollo y cordero. Se le puede agregar coco seco rallado y el resultado será también exquisito.

1 Retire toda la grasa de las chuletas y limpie bien los huesos.
2 Bata en la batidora los chiles, el ajo, el jengibre y el cilantro junto con el yogur y un ¼ del zumo de limón hasta obtener una pasta sin grumos.
3 Extienda la mezcla sobre las chuletas. Dispóngalas en un plato, cúbralas con película de plástico y déjelas en el frigorífico toda la noche.
4 Cuando estén listas para servirse, caliente la parrilla al máximo. Sazone las chuletas con sal y áselas durante 2 o 3 minutos, hasta que queden bien tostadas.
5 Disponga las chuletas en una fuente; rocíelas con el zumo de limón restante y sirva.

12 vieiras frescas, *limpias y sobre su concha inferior*
sal marina y pimienta negra *recién molida*
1 cucharada de pasta de curry suave
25 g de mantequilla

para la salsa
2 cucharadas de aceite de oliva virgen
1 cebolla *picada fina*
2 dientes de ajo *picados*
1 chile verde pequeño, *sin semillas y picado fino*
2,5 cm de jengibre *pelado y rallado fino*
2 cucharadas de *nam pla* **(salsa de pescado tailandesa)**
ralladura y zumo de 4 limas (y algunas cuñas más para servir)
sal marina y pimienta negra *recién molida*
2 cucharadas de cilantro *recién picado*

vieiras al grill con salsa de cilantro y lima

Cuando se asan a la parrilla, las vieiras desprenden su deliciosa dulzura natural. La salsa picante de limas es el acompañamiento ideal. Esta receta es una de las preferidas de mi familia.

1 En primer lugar conviene preparar la salsa. Caliente el aceite de oliva en una sartén. Agregue la cebolla, el ajo, el chile y el jengibre, y sofría a fuego lento hasta que se ablande.

2 Incorpore la salsa de pescado y la ralladura y el zumo de lima y sazone. Siga cocinando a fuego lento hasta que la mezcla quede homogénea y aromática, lo que tardará unos 15 minutos. Agregue el cilantro y cueza unos 5 minutos más. Vierta la mezcla en un cuenco y deje que se enfríe.

3 Precaliente el grill al máximo.

4 Sazone las vieiras con sal al gusto, agregue un poco de pimienta y el curry en polvo.

5 Coloque una cucharada colmada de salsa en cada concha. Corone con una vieira y un poco de mantequilla.

6 Cuando el grill esté caliente, coloque abajo las vieiras durante 2 o 3 minutos, hasta que estén cocidas. No conviene gratinarlas demasiado, pues quedarán muy duras. Disponga las vieiras en una fuente y sírvalas acompañadas de las cuñas de lima.

12 gambas grandes crudas (deje la cabeza y la cola)
1 cucharada de aceite vegetal
1 diente de ajo *picado*
10 hojas de curry
10 g de mantequilla sin sal
1 pizca de sal marina
1 chile rojo grande *picado*
125 g de coco rallado seco y sin edulcorar
1 cucharadita de salsa de soja
1 cucharadita de vinagre de vino tinto

gambas al chile con hojas de curry y coco

Las hojas de curry tienen un intenso sabor que combina a la perfección con el coco y el chile.

1 En primer lugar, conviene limpiar las gambas (*véase* el truco inferior). Después de lavarlas y secarlas, colóquelas en un cuenco. Agregue el aceite, el ajo y las hojas de curry y deje reposar entre 20 y 30 minutos.

2 Caliente un wok. Cuando esté bien caliente, vierta en él las gambas y la marinada, remueva y agregue la sal marina y la mantequilla.

3 Agregue los demás ingredientes y fría sin dejar de remover rápidamente durante 2 o 3 minutos. Retire del fuego y sirva inmediatamente.

Truco de P. G.: La «vena» negra que recorre las gambas es el intestino. Es comestible, pero las gambas quedan más vistosas sin él. Con ayuda de un cuchillo pequeño y bien afilado, haga una incisión poco profunda siguiendo el dorso de la gamba y retire cuidadosamente el intestino con la punta del cuchillo.

15 g de menta picada

1 chile rojo *sin semillas y en dados*
pequeños

½ cucharadita de *chaat masala*

¼ de cucharadita de chile en polvo

¼ de cucharadita de cúrcuma

ralladura y zumo de 1 limón

1 cucharada de azúcar moreno

2 cucharadas de yogur natural

175 g de queso *paneer* **o Villalón** *cortado*
en 8 tiras

4 pimientos rojos grandes

2 cucharadas de aceite de oliva virgen

pimientos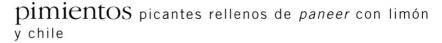

Me encanta la versatilidad del queso *paneer*. Lo suelo emplear para preparar currys
o cocinarlo al grill (después de macerarlo) en un *tandoor* o con especias en una
tikka. También son deliciosos los rollitos de pitta rellenos de *paneer* para preparar
sándwiches vegetales. En resumen, el queso *paneer* es un queso excelente, que
no se funde ni pierde su forma cuando se calienta.

1 Mezcle en un cuenco la menta, el chile, el *chaat masala*, el chile en polvo, la
cúrcuma, el zumo y la ralladura de limón, el azúcar moreno y el yogur. Agregue
el queso, cubra con película de plástico y déjelo macerar en el frigorífico durante
toda la noche.

2 A la mañana siguiente, precaliente el horno a 200 °C.

3 Extienda una porción grande de papel de aluminio sobre la superficie de trabajo.
Coloque los pimientos en el centro y rocíelos con un poco de aceite de oliva.
Arrugue el papel de aluminio alrededor de los pimientos para que éstos no se
muevan, coloque sobre una placa de horno y ase los pimientos durante 25 minutos
aproximadamente. Deben quedar tiernos pero no demasiado. Sáquelos del horno
y espere a que se enfríen.

4 Corte los pimientos ya fríos por la mitad longitudinalmente y vacíelos. Coloque
una tira de queso macerado en cada uno de ellos y enróllelos de modo que
el queso quede en el interior. Asegure los rollitos con un palillo de cóctel
y aplástelos ligeramente con la palma de la mano.

5 Disponga los pimientos rellenos en una placa de horno, rocíelos con el aceite
restante y hornéelos durante 10 minutos, o hasta que comiencen a tostarse
y el queso, a derretirse.

6 Retire los palillos antes de servir.

Truco de P. G.: El *chaat masala* se puede adquirir ya preparado en las tiendas
de alimentación orientales. Se trata de una mezcla de especias que contiene:
mango seco en polvo, comino, sal negra, cilantro, jengibre seco y pimienta roja.
Generalmente, se añade a los platos una vez cocinados. Tiene un aroma acre
y un sabor agridulce.

1 **cebolla mediana** *picada*

2,5 cm de jengibre *pelado*
  y rallado

2 dientes de ajo *picados*

2 chiles rojos *picados finos*

6 cucharadas de aceite de oliva virgen

1 cucharada de curry suave en polvo

½ cucharadita de *garam masala*

150 ml de leche de coco

2 gambas grandes crudas, *peladas*
  y desvenadas

12 aceitunas negras pequeñas
  deshuesadas

2 cucharadas de cilantro *recién picado*

gambas salteadas con aceitunas y cilantro

Puede resultar extraño agregar aceitunas a una receta con especias, pero su sabor salado acentúa al máximo el gusto de este plato. Al servirlo, se puede acompañar de tiras de pan *naan* o *paratha* para envolver en ellos las gambas.

1 Bata en la batidora media cebolla, el jengibre, el ajo y los chiles hasta obtener una pasta.

2 Caliente la mitad del aceite de oliva en un wok o en una sartén grande. Agregue la pasta y fríala sin dejar de remover a fuego medio, hasta que comience a tostarse y a desprender sus aromas.

3 Mezcle el curry en polvo y el *garam masala* con 2 cucharadas de agua. Vierta la mezcla en la sartén y cueza otros 3 o 4 minutos. A continuación, incorpore la leche de coco y deje hervir a fuego lento otros 5 minutos más.

4 Caliente el resto del aceite en otra sartén o wok. Agregue el resto de la cebolla y sofríala durante 3 o 4 minutos. Añada las gambas y saltéelas unos 2 minutos o hasta que adquieran un tono rosado.

5 Vierta por encima la salsa de especias, agregue las aceitunas y el cilantro y mezcle bien. Coloque en una fuente y sirva muy caliente.

1 cucharada de pasta *tikka*

1 cucharada de yogur natural

½ cucharadita de comino molido

½ cucharadita de cardamomo molido

2 cm de jengibre *pelado y rallado*

1 diente de ajo *picado*

400 g de pechuga de pollo *picada*

un poco de aceite

4 panes *naan* pequeños

para el *chutney* de menta

1 manojo de menta fresca

2 cm de jengibre *pelado y rallado*

1 chile verde pequeño *picado*

zumo de ½ lima

½ cucharadita de azúcar

1 cucharadita de cilantro molido

1 cebolla pequeña, *pelada y picada fina*

un poco de yogur natural para ligar
la mezcla (también se puede utilizar
agua) sal marina y pimienta negra
recién molida

minihamburguesas de pollo con *tikka* y *chutney* de menta

Las hamburguesas jamás dejarán de ser populares, y éstas, por su tamaño reducido, siempre llaman la atención cuando las sirvo. El *chutney* de menta da un delicioso toque asiático a la receta.

1 Coloque todos los ingredientes de las hamburguesas (excepto el aceite y el pan) en un cuenco y mezcle bien. Con las manos húmedas, forme 12 minihamburguesas. Dispóngalas en un plato y refrigérelas durante 1 hora.

2 Mientras tanto, prepare el *chutney*: bata en la batidora todos los ingredientes, agregando la cantidad suficiente de yogur o de agua para obtener una salsa consistente. Sazone al gusto.

3 Precaliente una parrilla y cueza las hamburguesas (pincélelas con un poco de aceite), durante 3 o 4 minutos por cada lado, hasta que estén bien cocidas.

4 Mientras tanto, corte los panes en 3 cuñas y tuéstelos hasta que queden crujientes. Coloque las hamburguesas sobre las cuñas de *naan* y asegúrelas con un palillo.

el lejano oriente

Con los *dim sum* y el sushi, China y Japón nos ofrecen una serie de bocaditos místicos y deliciosos que son estupendos para compartir. Rebosan combinaciones de aromas y sabores muy tentadoras para las papilas gustativas, que harán que sus invitados quieran repetir.

2 cucharadas de miso blanco
1 cucharada de azúcar moreno oscuro
2 cucharadas de *sake*
1 cucharada de *mirin*
1 yema de huevo
475 g de filetes de rape *limpios*
   y cortados en dados de 2 cm
1 cucharadita de semillas de sésamo
   negras
1 cucharada de aceite vegetal

broquetas de rape glaseadas con miso

El miso es una pasta gruesa que se obtiene de la fermentación de una mezcla de semillas de soja, arroz y cereales. Se utiliza en Japón para condimentar sopas y salsas, comidas a la parrilla, hortalizas encurtidas, carnes y pescados. Las dos principales variedades son la roja (de sabor fuerte y salado) y la blanca (más suave y dulce). Además, son las más sencillas de encontrar en Europa.

1 Mezcle el miso, el azúcar moreno, el *sake* y el *mirin* en un cazo y lleve a ebullición a fuego lento. Baje el fuego y cueza durante 2 o 3 minutos, removiendo ocasionalmente. Agregue la yema de huevo. Vierta la mezcla en un recipiente poco profundo y resérvela hasta que se enfríe.

2 Vierta en la mezcla los dados de rape, mézclelos bien para que se impregnen y deje marinar tapado en el frigorífico durante toda la noche.

3 Cuando esté listo para servir, inserte los dados de rape en unas broquetas metálicas o de madera (puestas en remojo con antelación) y espolvorée con las semillas de sésamo.

4 Pincele con aceite una parrilla estriada y póngala a calentar. Cuando esté muy caliente, coloque las broquetas y cuézalas durante 5 o 6 minutos, dándoles la vuelta regularmente y rociando con la marinada de vez en cuando. Sirva caliente.

200 ml de zumo de tomate

4 cucharadas de vodka

1 cucharadita de pasta de *wasabi*

1 cucharadita de *mirin*

½ cucharadita de salsa de soja

zumo de 2 limas

1 cucharadita de azúcar blanquilla

sal marina y pimienta negra *recién molida*

8 ostras muy frescas, *sin concha
    y limpias*

1 lima para servir

chupitos de ostra orientales

No me cansaré nunca de estos chupitos. Están basados en el clásico bloody mary
y rezuman sabores asiáticos. En mi opinión, superan con creces al original.

1   Mezcle en un cuenco todos los ingredientes excepto las ostras y la lima, y sazone al
    gusto. Reserve en el frigorífico durante 1 hora para que se fusionen todos los sabores.

2   Para servir, coloque 2 ostras en el fondo de 4 vasos de chupito y vierta por encima
    la mezcla.

3   Decore los vasos con las rodajas de lima y sirva muy frío, acompañado de algunos
    palillos de cóctel para las ostras.

3 cucharadas de *sake*

4 cucharadas de *mirin*

2 cucharadas de azúcar blanquilla

4 cucharadas de salsa de soja oscura

2 pechugas de pato grandes,
    deshuesadas y peladas

150 g de setas *shiitake* pequeñas,
    sin el pie

2 cucharadas de aceite vegetal

pato *yakitori*

Tradicionalmente, el *yakitori* (broquetas al estilo japonés) se prepara con pollo,
pero el pato, e incluso la ternera y el cerdo, son también excelentes ingredientes
para esta receta. La salsa que se usa para adobar el pollo se suele utilizar en varias
ocasiones, de modo que su sabor es más rico e intenso. Las broquetas quedan mejor
si se hacen a la barbacoa, pero también se pueden asar bajo el grill o a la parrilla.

1   Vierta en un cazo el *sake*, el *mirin*, el azúcar y la salsa de soja. Lleve a ebullición
    y cueza a fuego lento hasta que el volumen se reduzca en un tercio.

2   Corte las pechugas de pato por la mitad longitudinalmente y, a continuación,
    en dados grandes. Colóquelas en un cuenco. Vierta por encima el adobo, agregue
    las setas, cubra con película de plástico y deje adobar durante 1 hora.

3   Escurra la carne y las setas e insértelas alternativamente en unas broquetas
    de bambú o de madera puestas en remojo previamente.

4   Úntelas con un poco de aceite y áselas hasta que el pato quede ligeramente tostado
    y brillante, durante unos 4 o 5 minutos.

Truco de PG: El vino de arroz es un ingrediente fundamental de la gastronomía china
y japonesa. Se utiliza especialmente en adobos, marinadas y glaseados. Se suele
confundir el vino chino Shaoxing con el *sake* japonés, pero este último tiene
un sabor más delicado. El *mirin*, también de origen japonés, es básicamente un tipo
de *sake* más dulce. Es muy fácil encontrar las tres bebidas pero, en caso contrario,
se puede utilizar jerez seco (aderezado con un poco de azúcar si se utiliza en lugar
del *mirin*).

¼ de pepino

1 manojo de berros

100 g de tallarines de huevo cocidos

4 cebollas tiernas *picadas finas*

½ pato pequeño asado al estilo
  chino (disponible en las tiendas
  de alimentación asiáticas)

para el aliño

2 tallos de hierba limonera *picados
  muy finos*

1 cucharada de vinagre de vino de arroz

3 cucharadas de aceite de cacahuete
  o vegetal

1 chile rojo pequeño *picado fino*

2,5 cm de jengibre *pelado y rallado*

ensalada china de pato

Resulta sorprendente que se pueda preparar una ensalada tan suculenta con tan pocos ingredientes. Conviene aliñarla justo antes de servir.

1 Para preparar el aliño, basta con mezclar todos los ingredientes en un cuenco.

2 Corte el pepino por la mitad longitudinalmente. Retire las semillas con una cuchara pequeña y córtelo en rodajas. Mézclelo en una ensaladera con los berros, los tallarines y las cebollas.

3 Retire la piel del pato y córtela en tiras finas. Agréguela también a la ensaladera.

4 Vierta el aliño sobre la ensalada y mezcle bien. Repártala en cuencos y sirva.

costillas de cerdo picantes

600 g de costillas de cerdo cortadas
en tiras largas

2 dientes de ajo grandes *picados*

½ cucharadita de comino molido

1 cucharadita de chile en polvo

1 cucharadita de aceite de sésamo

2 cucharadas de aceite vegetal

275 ml de caldo de pollo (o agua)

1 cucharada de jarabe de arce

2 cucharadas de salsa de soja oscura

4 cucharadas de *char siu* (salsa
barbacoa china)

Este corte es habitual en una gran cantidad de cocinas del mundo, entre las que se incluye la china. Lo mejor es comerlas con la mano, arrancando con los dientes la carne de los huesos.

1 Corte las costillas en tiras de 5 a 7,5 cm y, a continuación, sepárelas de una en una y colóquelas en una fuente poco profunda.

2 Mezcle el ajo, el comino y el chile en polvo en un cuenco y frote con la mezcla la carne. Cubra y deje refrigerar toda la noche.

3 Al día siguiente, precaliente el horno a 160 ºC.

4 Caliente los dos tipos de aceite en un wok o en una sartén grande a fuego alto. Agregue las costillas y fríalas hasta que queden bien tostadas. A continuación incorpore los demás ingredientes y lleve a ebullición.

5 Coloque las costillas y la salsa en una fuente de horno grande. Las costillas deben formar una única capa. Hornéelas entre 40 y 45 minutos, hasta que estén bien cocidas, tengan una tonalidad oscura y la salsa se haya reducido. Antes de servir, espere a que se enfríen ligeramente.

Truco de P. G.: El *char siu* se puede encontrar en cualquier establecimiento de alimentación asiática, pero se puede improvisar uno mezclando miel líquida con salsa de soja y un poco de jengibre molido y ajo.

cebiche a la japonesa

425 g de filete de salmón muy fresco,
limpio y pelado

2,5 cm de jengibre *pelado y rallado fino*

1 diente de ajo *picado*

1 cucharadita de azúcar blanquilla

⅛ de cucharada de pasta *wasabi*

½ cucharada de sal marina

2 cucharadas de *shoyu* (salsa de soja
japonesa)

100 ml de *sake*

1 cucharada de jengibre encurtido
picado fino

2 cebollas tiernas *picadas finas*

½ cucharadita de semillas de sésamo
negro (opcional)

En mi opinión, la cocina japonesa es una de las mejores del mundo. Se utilizan siempre ingredientes frescos y puros, especialmente el pescado. En un esfuerzo por respetar esta práctica, conviene que el salmón sea lo más fresco posible.

1 Corte el filete de salmón horizontalmente en láminas de 3 mm. Dispóngalas formando una capa cubriendo la base de una fuente no muy honda.

2 Machaque en un mortero el jengibre rallado, el ajo, el azúcar, el *wasabi* y la sal marina hasta obtener una pasta. Agregue la salsa de soja japonesa, el *sake* y el jengibre encurtido y mezcle bien,

3 Vierta la marinada sobre el salmón, cúbralo con película de plástico y deje reposar en el frigorífico durante 1 hora antes de servir.

4 Cuando esté listo para servirse, coloque el salmón en una fuente, vierta por encima la marinada y espolvoree las cebolletas y las semillas de sésamo (opcional).

200 ml de caldo de pollo

200 ml de leche de coco

2 cucharadas de aceite de oliva virgen

½ cebolla *picada fina*

1 diente de ajo pequeño *picado*

100 g de arroz para *risotto* (arborio
   o Vialone Nano)

2 cucharadas de cilantro *picado*

100 g de setas *shiitake picadas*

2 cebollas tiernas picadas

2 huevos *batidos*

25 g de *panko* (pan rallado japonés)

25 g de coco rallado seco y sin edulcorar

aceite vegetal para freír

bolas de *risotto* con coco y *shiitake*

La idea subyacente a esta receta son las famosas bolas de arroz italianas (*supplí*), aunque he optado por jugar con los sabores: el arroz se prepara en leche de coco y las bolas se rellenan de setas *shiitake*.

1 Mezcle en un cazo el caldo y la leche de coco y lleve a ebullición. Deje cocer a fuego lento.

2 Caliente la mitad del aceite de oliva en una cacerola de fondo grueso. Agregue la cebolla y el ajo y rehogue hasta que la cebolla esté tierna. Eche el arroz y remueva bien.

3 Vierta poco a poco el caldo caliente, esperando a que se evapore el líquido antes de agregar más, a la manera de un *risotto* tradicional. Cueza hasta que el arroz esté en su punto y haya utilizado todo el caldo. El tiempo total de cocción será de entre 20 y 25 minutos. Agregue el cilantro y deje que el arroz se enfríe.

4 Caliente el resto del aceite en una sartén. Cuando esté bien caliente, añada las setas y las cebollas y cueza a fuego muy vivo durante 2 o 3 minutos, hasta que queden tiernas. Retire del fuego y deje que se enfríen.

5 Prepare con el arroz bolas del tamaño de una nuez, colocando en su interior un poco de la mezcla de setas y cebollas. Deles forma para que no se deshagan.

6 Pase las bolas por el huevo batido y, a continuación, por una mezcla de *panko* y coco rallado.

7 Caliente el aceite a 150 ºC y fría las bolas de arroz hasta que se doren. Escúrralas sobre papel de cocina y sirva.

Truco de P. G.: Las bolas de *risotto* pueden prepararse y mantenerse congeladas (sin freír) hasta 1 mes antes de su consumo.

200 g de carne de cerdo *picada*

2,5 cm de jengibre, *pelado y rallado*

2 dientes de ajo *picados*

sal marina y pimienta negra recién molida

4 castañas de agua (pueden ser en conserva) *picadas*

3 cucharaditas de cilantro *recién picado*

100 g de arroz *cocido* (preferiblemente basmati o jazmín)

1 cucharada de *nam pla* (salsa de pescado tailandesa)

1 col china (separe las hojas)

dolmades al estilo de Shangái

Los dolmades son un sencillo plato griego que consiste en hojas de parra rellenas de arroz. Siempre me recuerdan a un plato que probé en el Lejano Oriente. A continuación presento mi adaptación personal. Las hojas rellenas están deliciosas mojadas en una salsa de chile dulce o en una salsa de ciruelas con un toque de tabasco.

1 Mezcle la carne de cerdo con el ajo y el jengibre rallado. Sazone al gusto con sal y pimienta. Agregue las castañas de agua picadas, el cilantro y el arroz y sazone con la salsa de pescado.

2 Blanquee las hojas de col en agua salada hirviéndolas durante 2 o 3 minutos y sumergiéndolas a continuación en agua muy fría. Séquelas con un paño de cocina.

3 Corte 5 cm de la base de las hojas de col. Extienda 8 hojas grandes de col sobre la superficie de trabajo con el lado exterior hacia abajo. Distribuya la mezcla de carne de cerdo en la base de cada hoja y enróllelas, doblando los extremos para que no se salga el relleno.

4 Cocine los rollitos al vapor en una vaporera de bambú colocada sobre agua hirviendo durante 45 minutos, o hasta que la carne esté bien hecha. Ponga los *dolmades* en una fuente y sirva.

Truco de P. G.: Si no encuentra col china, puede utilizar hojas grandes de *bok choy*, espinacas blanqueadas o incluso hojas de col blanca (cocidas previamente).

200 g de arroz para sushi de grano
   redondo *remojado con antelación*
   en agua fría
2 cucharadas de vinagre de vino de arroz
½ cucharadita de azúcar blanquilla
1 cucharadita de sal marina
semillas de sésamo negras
cuadrados de nori (alga) para servir
   (opcional)

para el relleno
100 g de filete de atún muy frescos
   cortado en dados de 5 mm
1 cucharada de jengibre encurtido
   picado fino
2 cebollas tiernas *picadas fino*
1 cucharada de copos de nori (alga)
½ cucharadita de pasta de *wasabi*

sushi del revés

En uno de mis accesos de locura decidí preparar sushi a la inversa de como se suele hacer tradicionalmente. Espero que estén de acuerdo conmigo: el resultado es exquisito.

1 Coloque el arroz en una cacerola, cúbralo con 450 ml de agua y lleve a ebullición. Baje el fuego y cueza durante 15 minutos o hasta que esté tierno. Retírelo del fuego, cubra con una tapadera y déjelo reposar durante otros 15 minutos.

2 Disponga el arroz en un cuenco y agregue el vinagre, el azúcar y la sal. Mezcle bien y reserve hasta que se enfríe el arroz.

3 Mezcle en otro cuenco los dados de atún, el jengibre, las cebollas y los copos de nori. Agregue el *wasabi* y mezcle bien hasta que se liguen los ingredientes.

4 Con las manos húmedas, forme bolas de arroz del tamaño de una cucharada y páselas por las semillas de sésamo. Haga una hendidura con el dedo en cada bola e introduzca una cucharadita de la mezcla de atún en el centro de arroz. Vuelva a darle forma a la bola.

5 Disponga las bolas de arroz rellenas sobre los cuadrados de nori (opcional), o sencillamente en un cuenco. Sirva a temperatura ambiente.

1 aguacate maduro (preferiblemente de la variedad Hass)
1 cucharadita de jengibre encurtido *picado fino*
½ cucharada de pasta *wasabi*
2 cebollas tiernas *picadas finas*
zumo de 2 limas
2 cucharadas de crema acidificada
2 raíces de loto pequeñas
aceite vegetal para freír

guacamole oriental

A todo el mundo le encanta el guacamole, la clásica salsa mexicana. Mi variación procede de más lejos, y está cargada de sabores orientales. La raíz de loto (a la venta en los establecimientos especializados en comida asiática) es un excelente acompañamiento, aunque los crujientes de *wonton* (*véase* truco, pág. 170), también pueden servir.

1 Corte el aguacate por la mitad y deshuéselo. Vacíe la pulpa en un cuenco y aplástela con un tenedor.

2 Mezcle en otro cuenco los demás ingredientes e incorpórelos poco a poco al aguacate.

3 Si no se va a consumir el guacamole inmediatamente, puede conservarlo en el frigorífico hasta 1 hora. En este caso, coloque el hueso del aguacate en el guacamole (evitará que se ponga negro) y cubra con película de plástico.

4 Pele la raíz de loto y córtela en láminas de 3 mm con un cuchillo bien afilado o un rallador. Caliente el aceite a 160 °C y fría 1 minuto hasta que las láminas de loto estén doradas y crujientes. Déjela, escurrir sobre papel de cocina y enfríelas antes de servir con el guacamole.

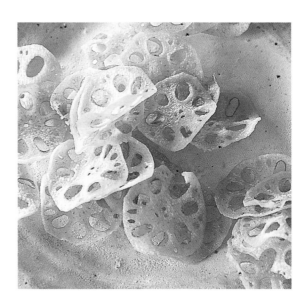

½ **aguacate** *pelado y sin hueso*
⅛ **de cucharadita de pasta** *wasabi*
2 cucharadas de mayonesa de calidad
2 cm de jengibre *pelado y rallado*
1 cucharada de zumo de yuzu (o de lima)
1 cucharada de kétchup
150 g de carne de cangrejo fresca
sal marina y pimienta negra *recién molida*
brotes de mostaza y caviar de salmón
  para servir

cóctel de cangrejo y yuzu

El yuzu es un cítrico popular que se consume en Japón, un cruce entre una lima y una mandarina. Tiene un sabor magnífico que aromatiza a la perfección las salsas y los aliños. Se puede encontrar en las tiendas asiáticas especializadas. Si no consigue encontrarlo, puede utilizar limas.

1 Coloque el aguacate y el *wasabi* en un cuenco pequeño, aplástelos hasta obtener una pasta y reserve.

2 Mezcle la mayonesa, el jengibre, el zumo de yuzu (o de lima) y el kétchup hasta obtener una salsa. Agregue la carne de cangrejo y sazone al gusto.

3 Para servir, coloque 1 cucharada de aguacate al fondo de cuatro copas de cóctel. Ponga encima la mezcla de cangrejo y decore con los brotes de mostaza y el caviar de salmón.

Truco de P. G.: Los crujientes de *wonton* son un acompañamiento muy sencillo y delicioso para este cóctel de cangrejo. Basta con cortar la masa de *wonton* por la mitad en diagonal y freír los pedazos en aceite caliente a 180 °C, hasta que queden dorados y crujientes. Déjelos escurrir sobre papel absorbente.

pollo asiático al pesto

600 g de filetes de pechuga de pollo *deshuesados y pelados*

sal marina y pimienta negra *recién molida*

2 cucharadas de hojas de menta picadas

3 cucharadas de hojas de cilantro *picadas*

2 dientes de ajo *picados*

40 g de cacahuetes tostados

3 cm de jengibre *pelado y rallado*

1 pizca de azúcar

4 cucharadas de aceite vegetal

algo más de aceite vegetal para freír

cebollas tiernas, *picadas finas, para servir*

Éste es un plato muy sencillo de preparar y que queda delicioso. Además, es una buena forma de aprovechar la pechuga de pollo.

1 Corte los filetes de pollo en tiras gruesas e insértelas longitudinalmente (al estilo de los *satay*) en unas broquetas de bambú o de madera puestas en remojo con anterioridad. Colóquelas en un plato y sazónelas con sal y pimienta.

2 Bata los demás ingredientes con la batidora hasta obtener un puré grueso. Vierta la mitad sobre el pollo, cubra con película de plástico y deje adobar en el frigorífico durante 2 o 3 horas.

3 Pincele con aceite una parrilla acanalada y caliéntela a fuego alto. Cuando esté bien caliente, coloque encima las broquetas y cuézalas a fuego lento durante 4 o 5 minutos, dándoles la vuelta de vez en cuando.

4 Disponga las broquetas en una fuente, vierta por encima el pesto restante y espolvoree con la cebolleta.

tofu salpimentado con especias

1 bloque de 300 g de tofu firme *cortado en dados de 2 cm*

1 cucharadita de granos de pimienta negra

2 cucharaditas de sal marina

¼ de cucharadita de polvo de cinco especias chino

1 cucharada de harina de trigo (o de maíz)

aceite vegetal *para freír*

para la salsa de cacahuetes

40 g de cacahuetes tostados *picados*

1 cucharada de mantequilla de cacahuete lisa

1 cucharadita de *nam pla* **(salsa de pescado tailandesa)**

100 ml de salsa de chile dulce

Si le gusta el tofu, adorará esta receta. La salsa de cacahuetes es mi acompañamiento preferido, aunque en ocasiones la sirvo con una salsa de miel y naranja (que se prepara sencillamente con miel tibia mezclada con ralladura y zumo de naranja frescos) o con salsa de soja especiada.

1 Para preparar la salsa de cacahuetes, coloque todos los ingredientes en un cazo junto con 2 cucharadas de agua y caliente a fuego lento hasta que se liguen todos.

2 Coloque los dados de tofu entre dos capas de papel de cocina durante 30 minutos aproximadamente para extraer el exceso de agua.

3 Mientras tanto, caliente una sartén y fría en ella (en seco) los granos de pimienta durante 1 minuto aproximadamente, hasta que comiencen a desprender olor. Póngalos a continuación en un mortero, agregue la sal y el polvo de cinco especias y maje hasta obtener un polvo fino.

4 Mezcle el polvo de especias con la harina en un cuenco y reboce en ella los dados de tofu, retirando el exceso de harina.

5 Caliente un poco de aceite en un wok. Cuando esté bien caliente, fría por tandas los dados de tofu sin dejar de remover, hasta que se doren ligeramente. Escúrralos sobre papel de cocina y sírvalos acompañados de la salsa de cacahuetes en un cuenco.

200 g de gambas crudas peladas,
  cortadas muy finas o picadas
1 cucharada de cebollino *picado*
2 cebollas tiernas *picadas muy finas*
1 zanahoria *pelada y picada muy fina*
  o rallada
15 g de maicena
1 cucharadita de sal marina
1 cucharadita de aceite de sésamo
1 pizca de azúcar
6 vieiras frescas de tamaño medio
12 obleas *gow gee* (masa de *wonton*)

shumai de vieiras

Para variar un poco, puede sustituir el relleno de vieira de estos *dumplings* chinos por alguna otra cosa, como, por ejemplo, una mezcla de carne picada de cerdo y gambas o pollo. Conviene servirlos siempre con una salsa, aunque sea la sencilla salsa de soja.

1 Coloque en un cuenco las gambas, las cebollas, el cebollino y las zanahorias. Incorpore la maicena. Agregue la sal, el aceite de sésamo y el azúcar y mezcle bien. Corte las vieiras en dados de 1 cm e incorpórelas también.
2 Cubra con película de plástico y deje marinar durante 1 hora.
3 Para preparar los pastelitos, corte las obleas con un molde redondo de entre 6 y 8 cm. A continuación, disponga un círculo de masa sobre la palma de la mano y coloque 1 cucharada colmada de la mezcla de gambas y vieiras en el centro. Recoja los bordes de la oblea alrededor del relleno pero sin cubrirlo por completo. Prepare los 12 pastelitos de la misma manera.
4 Cocínelos al vapor en una vaporera de bambú o sobre un wok o cazuela con agua hirviendo durante 4 o 5 minutos, hasta que estén bien cocidos. De lo contrario, también es posible cocerlos a fuego lento en una cazuela con agua hirviendo.

120 g de harina
1 huevo *batido*
125 ml de cerveza (cualquier cerveza
  lager o light)
12 gambas gordas, crudas, peladas,
  desvenadas y con la cola
75 g de coco rallado seco sin edulcorar
aceite vegetal para freír

para la salsa
3 cucharadas de mostaza china
  (o de Dijon)
1 cucharadita de zumo de limón
2 cucharadas de miel líquida
1 cucharada de salsa de chile dulce

gambas al coco con rebozado de cerveza

Las gambas al coco tailandesas están deliciosas, son muy sencillas de preparar ¡y desaparecen a toda velocidad! La cerveza le da un toque más ligero al rebozado, así como un ligero sabor a levadura.

1 Prepare la masa para el rebozado mezclando la harina, el huevo y la cerveza. Debe quedar homogénea y sin grumos.
2 Para preparar la salsa, mezcle todos los ingredientes en un cazo y caliéntelos hasta que se liguen bien y no haya grumos.
3 Caliente el aceite vegetal a 160 ºC.
4 Sumerja las gambas en la masa del rebozado, páselas por el coco rallado y fríalas hasta que se doren. Déjelas escurrir sobre papel absorbente y sírvalas con la salsa tibia.

pohpiahs de calabaza moscada y anacardos

2 cucharadas de aceite de sésamo

250 g de calabaza moscada, *pelada y cortada en dados de 1 cm*

1 cebolla *picada fina*

2,5 cm de jengibre, *pelado y rallado fino*

2 cucharadas de cilantro picado

1 chile rojo, *sin semillas y picado fino*

4 cucharadas de anacardos tostados, *picados*

2 cucharadas de salsa china *hoisin* (y algo más para servir)

sal marina y pimienta negra *recién molida*

12 rollitos de primavera

1 huevo *batido*

aceite vegetal para freír

Tradicionalmente, estos rollitos proceden de Malasia. Se preparan con una masa especial, *pohpiah*, que es blanca y pegajosa; se extiende cuidadosamente sobre un wok hasta que se convierte en una pasta casi transparente. Le tranquilizará saber que, para ser más práctico, en la siguiente receta he utilizado rollitos de primavera, que también funcionan.

1 Caliente el aceite de sésamo en un wok o en una sartén. Agregue los dados de calabaza y la cebolla y sofríalos hasta que se ablanden.

2 Retírelos del fuego, agregue el jengibre, el cilantro, el chile y los anacardos, y fría sin dejar de remover durante 1 minuto. Vierta la salsa *hoisin*; mezcle y sazone al gusto.

3 Extienda 1 rollito sobre la superficie de trabajo y coloque en el centro 1 cucharada colmada de relleno, dejando espacio en los extremos. Pincele los lados más largos del rollito con el huevo batido y dóblelos hacia el centro. Enrolle la masa firmemente y utilice más huevo para cerrar bien el rollito. Repita con los demás rollitos.

4 Caliente el aceite a 180 °C y fría los rollitos hasta que queden dorados y crujientes. Déjelos escurrir sobre papel de cocina.

5 Acompañe con la salsa *hoisin* para mojar.

nuggets de pollo a la oriental

2 pechugas de pollo ahumadas, con la piel

2 cucharadas de *kecap manis* (salsa de soja indonesia dulce)

2 dientes de ajo *picados*

2 cm de jengibre pelado y rallado

2 cucharadas de maicena

½ cucharadita de pimienta *sansho* (o de pimienta negra machacada en un mortero)

sal marina

aceite vegetal para freír

cuñas de limón para servir

La pimienta *sansho*, que se utiliza para elaborar el rebozado de estos *nuggets*, es simplemente pimienta de Sichuan bajo su denominación japonesa. Se trata de una de las pocas especias que se emplea en la cocina japonesa y tiene un aroma a madera, acre, y un sabor a cítrico algo picante. El *kecap manis* es uno de mis ingredientes preferidos de la cocina asiática. Le da un ligero toque de regaliz a la receta.

1 Corte las pechugas de pollo en dados de 2 o 2,5 cm y dispóngalos en un plato. Vierta por encima la salsa de soja indonesia, agregue el ajo y el jengibre, y frote con ellos los pedazos de pollo hasta que se impregnen bien. Cubra con película de plástico y deje adobar en el frigorífico durante 30 minutos.

2 Mezcle la maicena con la pimienta y un poco de sal marina. Retire el pollo del adobo y páselo por la mezcla de harina.

3 Caliente el aceite vegetal a 180 °C. Cuando esté caliente, sumerja en él los pedazos de pollo y fríalos rápidamente hasta que queden dorados y crujientes.

4 Escurra sobre papel absorbente, espolvoréelos con un poco de sal marina y sírvalos acompañados de las cuñas de limón.

**2 cucharadas de aceite vegetal (y algo
     más para freír)**
2 cebollas tiernas *picadas finas*
½ cucharadita de cilantro molido
150 g de patatas nuevas *cocidas
     y peladas*
50 g de coco seco rallado sin edulcorar
8 gambas gordas, *peladas y desvenadas,
     con la cola*
1 cucharada de zumo de lima fresco
2 cucharaditas de semillas de sésamo
**8 obleas de papel de arroz redondas de
     15 cm (y alguna más por si se rompen)**
1 clara de huevo

rollitos de arroz rellenos de gambas

Las obleas de papel de arroz son una finas láminas comestibles preparadas con algunas partes de la planta del arroz. Para elaborar esta receta hay que ser paciente, pues es algo complicada, pero merece la pena el esfuerzo. Para acompañar las gambas, nada mejor que salsa de chile dulce con un chorro de salsa de soja.

1 Caliente el aceite en un wok o en una sartén. Agregue las cebollas y el cilantro y sofría durante 30 segundos. Añada las patatas cocidas y aplástelas ligeramente. Fría durante 3 o 4 minutos.

2 Incorpore el coco y disponga la mezcla de patatas en un cuenco para que se enfríe.

3 Mezcle las gambas con el zumo de limón y las semillas de sésamo y deje marinar durante 30 minutos.

4 Cuando las gambas estén listas, utilice un cuchillo pequeño para abrirlas por el lomo, pero sin partirlas en dos. Una vez abiertas, deben tener forma de mariposa. Rellene las gambas con un poco de mezcla de patata y ciérrelas de nuevo, presionando ligeramente. Inserte una broqueta (puesta en remojo con anterioridad) de tipo *satay* en cada gamba. De este modo, mantendrán su forma durante la cocción.

5 Sumerja en agua las obleas de arroz para que se ablanden y, a continuación, séquelas con un paño. Pincélelas con la clara y envuelva con ellas las gambas. Asegure con un palillo.

6 Fría las gambas en aceite a 180 ºC durante 1 o 2 minutos, hasta que estén doradas y crujientes. Déjelas escurrir sobre papel de cocina antes de servirlas.

8 huevos

4 cucharadas de aceite vegetal

75 g de setas _shiitake_ _picadas finas_

1 chile rojo _picado fino_

100 g de carne de cangrejo fresca

2 cucharadas de hojas de cilantro
   picadas

1 cucharada de salsa de soja

2 cebollas tiernas y 1 escalonia banana
   cortadas en juliana para servir
   y algunas hojas frescas de cilantro

huevos _fu yung_

Este plato es originario de la ciudad de Shangái. Tradicionalmente, se preparaba con huevo y jamón picado. Desde la llegada de los chefs chinos a América han surgido otras muchas variedades, con verduras o marisco.

1   Bata los huevos en un cuenco hasta que se forme espuma.

2   Caliente un wok o una sartén pequeña antiadherente. Agregue 2 cucharadas de aceite y saltee el chile y las setas durante 1 minuto sin dejar de remover. Añada la carne de cangrejo y el cilantro y caliente bien. Vierta a continuación la salsa de soja y mezcle.

3   Vierta el aceite restante sobre los bordes del wok y, después, los huevos. Cocine a fuego medio, hasta que los huevos queden ligeramente dorados. A continuación, dé la vuelta a la tortilla para que se cueza por el otro lado. Si no se atreve a darle la vuelta, puede cocinar la otra cara bajo el grill.

4   Transfiera el _fu yung_ a un plato, esparza por encima la escalonia y las cebollas y corone con las hojas de cilantro enteras.

200 g de harina
65 g de harina con levadura
4 cucharadas de aceite vegetal
4 cebollas tiernas (sólo la parte verde) *picadas finas*
2 cucharadas de crema agria
125 g de salmón ahumado en lonchas
½ cucharadita de pasta *wasabi*
pimienta negra *recién molida*

crepes con salmón ahumado y *wasabi*

Esta receta se basa en un aperitivo tradicional, pero resulta más tentadora gracias al salmón ahumado, la crema agria y el *wasabi* (rábano picante japonés).

1 Lleve a ebullición 200 ml de agua. Tamice las harinas sobre un cuenco y agréguelas poco a poco al agua hirviendo, sin dejar de remover.

2 Añada la cantidad suficiente de agua fría para obtener una masa flexible y sin grumos. Amásela durante 2 o 3 minutos. Vuelva a colocar la masa en el cuenco, cúbrala con película de plástico y déjela reposar a temperatura ambiente durante 30 minutos.

3 Divida la masa en dos y extienda las dos porciones hasta obtener dos círculos grandes de aproximadamente 3 mm de grosor. Pincele la superficie con algo de aceite vegetal y espolvoree con las cebollas picadas. Enrolle cada círculo hasta que tengan forma cilíndrica, y córtelos en 4 porciones. Extienda cada una de ellas hasta obtener 8 crepes redondas y gruesas.

4 Caliente un poco más de aceite en una sartén antiadherente y fría las crepes durante 1 o 2 minutos por lado, hasta que se doren.

5 Unte las crepes con crema agria. Coloque encima salmón ahumado, una pizca de *wasabi* y un poco de pimienta negra. Enrolle las crepes.

6 Córtelas en trozos antes de servir.

2 cucharadas de aceite de cacahuete

2 dientes de ajo *picados*

4 cebollas tiernas *picadas finas*

1 chile rojo pequeño *sin semillas
y picado fino*

2,5 cm de jengibre *pelado y rallado*

1 pimiento rojo pequeño, *sin semillas
y cortado en dados*

1 pimiento verde pequeño, *sin semillas
y cortado en dados*

2 cucharadas de *sake*

1 cucharada de salsa de soja ligera

2 cucharadas de salsa de chile dulce

1 kg de mejillones frescos, *limpios y sin
las barbas*

wok de mejillones

Lo que me encanta de los mejillones, además de su sabor, es que tardan muy poco tiempo en cocinarse. Un gran plato en pocos minutos. Para esta receta es ideal utilizar un wok, debido al reducido tiempo de cocción.

1 Caliente un wok o sartén grande. Agregue el aceite, el ajo, las cebollas, el chile y el jengibre y saltee sin dejar de remover durante 10 segundos.

2 Agregue los pimientos y saltee otros 2 minutos más. A continuación, vierta el *sake*, la salsa de soja y la salsa de chile. Lleve a ebullición rápidamente.

3 Agregue los mejillones, cubra con una tapadera y cueza 2 o 3 minutos más, o hasta que se abran. Retire aquellos que no se hayan abierto. Colóquelos en una fuente honda y sirva inmediatamente.

4 filetes de pargo *limpios y sin espinas
(también se puede utilizar caballa)*

2 cucharaditas de sal marina

3 cm de jengibre *pelado y rallado*

ralladura y zumo de 1 limón

4 cucharadas de *sake*

2 cucharadas de aceite de oliva virgen

arroz al vapor para servir (opcional)

pargo a la sal con *sake* y limón

El pescado con sal a la parrilla, tal y como lo preparan en Japón, es una auténtica delicia para el paladar. En Japón, el término *shioyaki* se emplea para describir el método tradicional de preparar a la parrilla carne de ternera, pollo y, por supuesto, pescado. En mi opinión, la mejor forma de preparar esta receta es a la brasa.

1 Seque los filetes de pescado con papel de cocina y haga tres cortes diagonales en cada uno. Colóquelos en un plato.

2 Mezcle la sal, el jengibre y la ralladura y el zumo de limón en un cuenco. Vierta la mezcla sobre el pescado y déjelo marinar, cubierto, en el frigorífico durante 30 minutos.

3 Saque el pescado del frigorífico y rocíelo con el *sake*. Mezcle bien pero con cuidado para no desmenuzar los filetes.

4 Caliente una parrilla hasta que esté bien caliente. Pincele los filetes de pescado con aceite de oliva y áselos a la parrilla durante 4 o 5 minutos, dándoles la vuelta una vez. El tiempo de cocción varía en función del grosor de los filetes.

5 Retírelos del fuego y sirva inmediatamente.

10 g de setas silvestres secas

175 g de carne de cerdo picada

125 g de carne de cangrejo en conserva

1 huevo *batido*

3 cucharadas de cilantro fresco *picado*

2,5 cm de jengibre *pelado y rallado fino*

2 cebollas tiernas *picadas finas*

1 diente de ajo *picado*

sal marina

3 rollitos de primavera

1 manojo de cebollinos (al menos 12)

aceite vegetal para freír

pastelillos de cerdo y cangrejo

Estos sencillos pastelillos chinos están rellenos de carne de cerdo y cangrejo. Si no encuentra rollitos de primavera, utilice *wontons* o incluso pasta filo.

1 Coloque las setas en un cuenco, cúbralas con agua hirviendo y déjelas en remojo durante 20 minutos. Escúrralas y séquelas bien. Córtelas en láminas finas.

2 Mezcle en un cuenco las setas, la carne de cerdo, la de cangrejo y el huevo batido. Agregue los demás ingredientes, excepto los rollitos, los cebollinos y el aceite, y mezcle bien.

3 Corte los rollitos en 4 cuadrados. Sumerja los cebollinos en agua caliente durante 5 segundos para que se ablanden, ya que se utilizarán para cerrar los pastelillos.

4 Coloque un poco de relleno en el centro de cada cuadrado de masa. Una los 4 extremos sobre el relleno y cierre firmemente los pastelillos con los cebollinos.

5 Caliente el aceite a 160 °C y fría los pastelillos hasta que estén crujientes. Sáquelos de la sartén con una espumadera y déjelos escurrir sobre papel de cocina.

Truco de P. G.: Los pastelillos quedan deliciosos con la salsa siguiente: Mezcle 1 cucharada de azúcar en 4 cucharadas de agua caliente. Agregue 3 cucharadas de salsa de pescado, 2 cucharadas de vinagre de vino blanco y otras 2 de zumo de lima. Para terminar, añada 1 diente de ajo picado y 1 chile picante tailandés picado fino. Deje reposar durante 2 horas para obtener un resultado todavía mejor.

1 clara de huevo

1 cucharada de maicena

2 cucharadas de vino Shaoxing
(o de jerez seco)

475 g de panceta de cerdo *cortada en dados de 2,5 cm*

3 cucharadas de aceite de cacahuete

1 diente de ajo *picado*

2,5 cm de jengibre *pelado y rallado*

2 cebollas tiernas *picadas finas*

2 chiles rojos *picados fino*

100 ml de *char siu* (salsa barbacoa china)

150 ml de caldo de pollo

1 cucharadita de salsa de soja

wok de cerdo

Resulta de lo más recomendable utilizar panceta de cerdo cuando se trata de freír la carne. El solomillo suele quedar más seco, pero la grasa natural de la panceta hace que esté deliciosamente jugosa.

1 Mezcle en un cuenco la clara de huevo, la maicena y el vino. Agregue la panceta cortada y mezcle bien.

2 Caliente un wok o una sartén grande con la mitad del aceite de cacahuete. Incorpore la carne de cerdo y saltéela sin dejar de remover durante 3 o 4 minutos, hasta que se dore. Colóquela en un plato.

3 Vierta en el wok el ajo, el jengibre, las cebollas, los chiles y el aceite de cacahuete restante y saltee durante 1 minuto sin dejar de remover. Vierta a continuación la salsa barbacoa, el caldo de pollo y la salsa de soja y cueza 1 minuto más.

4 Incorpore la carne de cerdo a la salsa; remueva bien para que se impregne y caliente.

Volumen (líquidos)

5 ml. . . . . 1 cucharadita

10 ml. . . . . . 1 cucharada de postre

15 ml. . . . . . . 1 cucharada sopera

Temperatura del horno

Grados centígrados* Gas/Descripción

110 °C/225°F . . . . . . marca ¼/frío

130 °C/250°F . . . . . . marca ½/frío

140 °C/275°F . . . . marca 1/muy frío

150 °C/300°F . . . . marca 2/muy frío

170 °C/325°F . . . . . . marca 3/bajo

180 °C/350°F . . . . . marca 4/medio

190 °C/375°F. . . marca 5/medio alto

200 °C/400°F . . . . marca 6/caliente

220 °C/425°F . . . . marca 7/caliente

230 °C/450°F. . marca 8/muy caliente

*Para los hornos con ventilador,
disminuir 10 °C las temperaturas

agradecimientos   En primer lugar, quisiera darle las gracias a mi familia por su comprensión cuando los fines de semana estaba absorto en la redacción de este libro.

Gracias también: A Lara Manda, que hace milagros descifrando mis notas manuscritas y dándoles forma de un modo u otro.

A Linda Tubby, excelente amiga y especialista en economía doméstica, que me conoce tan bien y refleja mis ideas y recetas a la perfección en el plato.

A Pete Cassidy, una vez más, por las excelentes fotografías.

A Róisín Nield y a Helen Trent por atrapar el espíritu del libro con sus propuestas.

A Jane Humphrey por la hermosa maquetación.

A Jane Middleton por su apoyo y sus muestras de amistad continuas a lo largo del proyecto.

A Barry Tomkinson, uno de mis numerosos chefs jóvenes y prometedores, por su ayuda en la preparación de las recetas.

A mis amigos Glenn Ewart, de Churchill China Plc, y Paul Goodfellow, de Continental Chef Supplies, por su ayuda con algunas de las piezas de la vajilla y la cristalería que aparecen en las imágenes.

Un agradecimiento muy especial a Jennifer Wheatley, encargada del proyecto, y a Emily Hatchwell, editora, por su entusiasmo y su respaldo. Ha sido un auténtico placer trabajar con vosotras.